CRAZY CARS

Publié pour la première fois en Grande-Bretagne en 2012
par Dorling Kindersley Limited

www.dk.com

Pour la version française :
© 2012 éditions Milan,
300, rue Léon-Joulin,
31101 Toulouse Cedex 9
France

La présente édition n'est pas en vente au Québec.

Cet ouvrage a été réalisé par les éditions Milan
avec la collaboration de Lucile Orliac.
Traduction et mise en pages : Anne-Laure Estèves

ISBN : 978-2-7459-5859-4
Dépôt légal : 3e trimestre 2012
Imprimé en Chine

www.editionsmilan.com

CRAZY CARS

TEXTE
Clive Gifford

TRADUCTION DE L'ANGLAIS
Anne-Laure Estèves

MILAN

SOMMAIRE

46 ENGINS DE RÊVE

En route !

Aujourd'hui, près d'un milliard de voitures, de camions et de motos filent à toute allure le long des routes, hors-piste ou sur des circuits. Les véhicules motorisés transportent des personnes, des marchandises, de la nourriture, et bien d'autres choses encore ! Dans ce livre, tu découvriras tout ce qu'il faut savoir sur ces moyens de transport de rêve !

LES TYPES DE VOITURES

Berline Voiture familiale à 4 portes avec coffre

Citadine Voiture plus petite avec hayon postérieur

Cabriolet Voiture décapotable à toit repliable ou amovible

Coupé Voiture sportive à 2 portes, de 2 ou 4 places

LES TYPES DE CAMIONS

Fourgonnette Petit camion de transport de marchandises

Pickup Camionnette avec cabine et espace de chargement ouvert

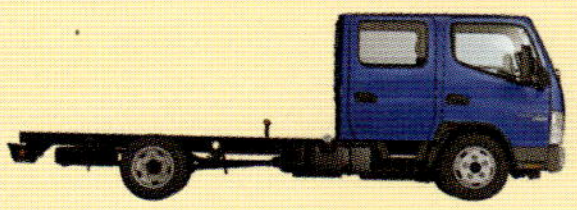

Camion à plateau Camion à grand plateau ouvert

Véhicule articulé Camion avec semi-remorque reliée par un pivot

LES TYPES DE MOTOS

Custom Moto élégante qui se conduit les pieds en avant

Trail Moto utilisée sur piste, souvent munie de pneus à crampons

Scooter Moto à petites roues dont le moteur est recouvert

Sportive Moto rapide au moteur puissant qui se conduit sur l'avant

LES PRÉCURSEURS

Les tout premiers véhicules mus par un moteur à essence ont vu le jour au XIXe siècle.

Mise au point par Karl Benz en 1885, cette **Benz Motorwagen** à 3 roues est considérée comme la première voiture à moteur.

La première moto produite en série, par **Hildebrand & Wolfmüller** en 1894, pouvait atteindre la vitesse maximale de 45 km/h.

Conçu par **Gottlieb Daimler** en 1896, le premier camion avait une capacité de transport de 1 500 kg.

Break Voiture dont le toit se prolonge jusqu'à l'arrière

Monospace Véhicule pouvant transporter 6 personnes ou plus

SUV Véhicule bicorps à l'espace intérieur volumineux

Limousine Voiture de luxe, souvent conduite par un chauffeur

Voiture de sport Véhicule puissant et rapide, à 1 ou 2 places

Camion-citerne Camion avec grande citerne contenant des liquides

Camping-car Véhicule de loisirs ou autocaravane habitable

Routière Moto à moteur et réservoir importants, conçue pour les longs trajets

C'EST **FOU** !

La vitesse était limitée à **6,4 km/h** sur les routes anglaises en 1896. Quelqu'un devait marcher devant la voiture en agitant un drapeau rouge pour prévenir les piétons de son passage.

PIED AU PLANCHER

Le feu passe au vert, le drapeau de départ s'agite, les pneus crissent et les roues s'emballent... La course commence ! Que ce soit un rallye longue distance se disputant sur plusieurs semaines ou une compétition de *dragsters* qui dure à peine quelques secondes, les courses existent depuis l'invention même des véhicules à moteur. Il faut aux pilotes une maîtrise totale, une soif de vitesse et des nerfs d'acier pour repousser sans cesse leurs limites. Mais ils ont aussi besoin de bolides à la puissance explosive et aux performances incroyables. Fonce à la découverte des motos, des camions et des voitures les plus rapides du monde !

Vive le karting !

Prêt, feu, partez ! C'est souvent sur des karts, petits mais rapides, que les jeunes pilotes s'initient aux joies de la conduite. Ces véhicules bas roulent au ras de la piste et leurs conducteurs font l'expérience des premières courses en négociant les virages et en doublant les concurrents. Lorsqu'ils auront progressé, ils pourront essayer des karts et des superkarts plus gros et plus puissants.

CHAMPION DE KART
Michael Schumacher, légende vivante de la formule 1, salue la foule après une course de kart. Comme beaucoup d'autres stars de la F1, il a commencé sa carrière par le karting. Il a été champion d'Europe de karting en 1987, à l'âge de 18 ans.

Les **roues arrière** sont entraînées par une chaîne reliée au moteur.

ZOOM SUR LE MOTEUR À ESSENCE À QUATRE TEMPS

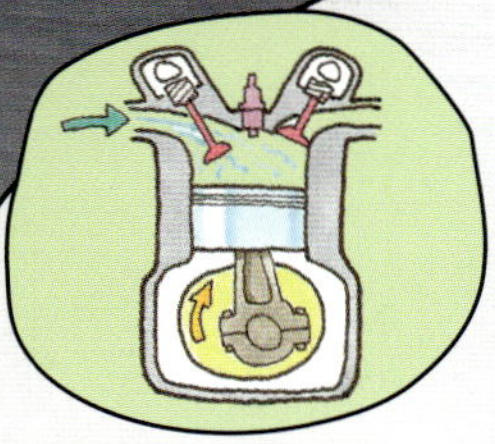

1. Un mélange d'air et d'essence pénètre dans le cylindre du moteur par la soupape d'admission (en haut à gauche).

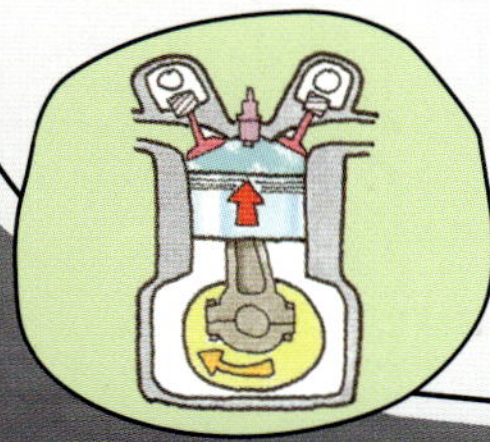

2. La soupape d'admission se ferme et le piston (au centre) monte, comprimant le mélange d'air et de carburant.

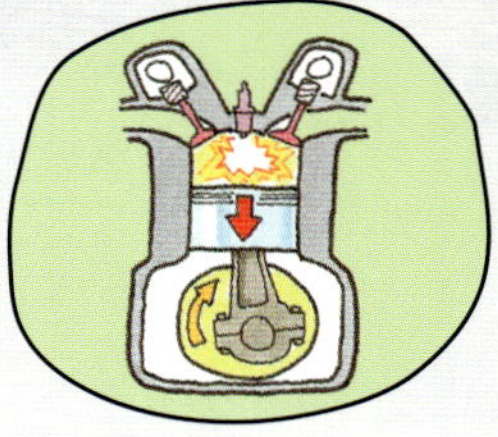

3. L'explosion du mélange repousse le piston vers le bas, produisant ainsi de l'énergie.

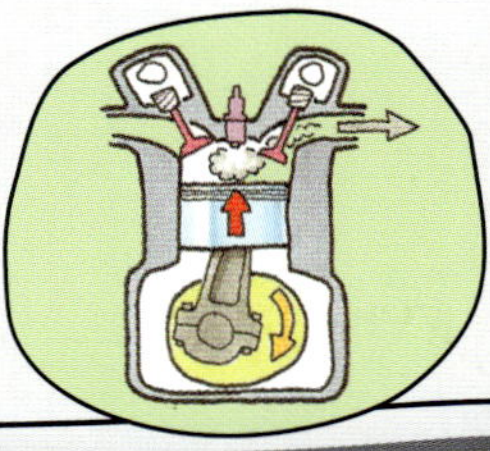

4. La soupape d'échappement s'ouvre et le mélange brûlé (gaz d'échappement) est évacué (en haut, à droite).

DES KARTS À PART

Les **minikarts** ont été conçus pour les tout jeunes pilotes (de 7 à 10 ans) qui veulent s'essayer au karting.

Les **superkarts** possèdent une carrosserie qui couvre le châssis et le moteur. Certains peuvent atteindre 250 km/h.

INFOS RAPIDES

10 *Les karts ont été inventés aux États-Unis dans les années 1950. L'un des premiers a été réalisé à partir d'un moteur de tronçonneuse modifié.*

20 *Aujourd'hui, les karts possèdent un châssis en tubes d'acier, ce qui les rend à la fois solides, légers et maniables.*

30 *Les champions de F1 Lewis Hamilton et Sebastian Vettel, ainsi que le champion de NASCAR Jeff Gordon, ont débuté par le karting.*

C'EST FOU !
Un superkart peut accélérer de 0 à 96 km/h en **moins de 3 secondes** ! Il peut décélérer de 160 à 0 km/h dans le même temps record.

JUSQU'AU BOUT !
Ce jeune pilote roule sur un circuit dans son kart Tal-Ko TKM Veloce 4 ultraperformant. Le moteur est alimenté par du carburant provenant du réservoir de 8,5 litres. Le kart est doté d'une pédale pour freiner et d'une autre pour accélérer.

PUISSANCE
17 ch

VITESSE
105 km/h

POIDS
83,5 kg

ORIGINE
Royaume-Uni

L'ARRÊT AUX STANDS
L'équipe des stands de Red Bull est très, très occupée lors d'un arrêt aux stands en F1 : elle doit changer les 4 roues et pneus et nettoyer la visière du pilote en moins de 6 secondes !

ZOOM SUR LE VOLANT DE F1

La formule 1

La foule est en délire alors que les voitures de F1, aussi aérodynamiques que chères, *high-tech* et ultrarapides, filent sur la piste. Elles s'affrontent lors de Grand Prix ; les 10 premiers concurrents à franchir la ligne d'arrivée gagnent des points servant à déterminer qui sera champion du monde. Une course de Grand Prix dure environ 90 minutes et les voitures effectuent plusieurs passages sur un même circuit. Les accélérations et les freinages sont brusques, la conduite extrême, et la vitesse dépasse parfois les 330 km/h.

C'EST **FOU !**
Les ailerons plaquent les voitures de F1 contre la piste avec une telle force qu'au-delà de 240 km/h, le véhicule pourrait adhérer au plafond et rouler
à l'envers !

LA F1 D'UN CHAMPION

Le champion du monde 2010 Sebastian Vettel conduisait cette Red Bull RB7 en 2011. Avec ses 640 kg poids du pilote inclus, la voiture est légère, mais équipée d'un puissant moteur Renault, qui lui offre des performances optimales.

PUISSANCE	VITESSE	POIDS	ORIGINE
De 700 à 800 ch	322 km/h	640 kg	Autriche/ Royaume-Uni

Les **pneus *slick***, larges et lisses, sont conçus pour adhérer parfaitement à une piste sèche.

L'**aileron avant** produit ce qu'on appelle une « force d'appui », qui maintient les roues avant plaquées contre la piste.

INFOS RAPIDES

10 *Beaucoup de volants de F1 contiennent plus de 100 composants et coûtent près de 25 000 euros à la construction.*

20 *Une voiture de F1 peut passer de 300 à 0 km/h en 3 secondes. Les disques de frein chauffent parfois jusqu'à 1 000 °C.*

30 *À la fin d'une course de F1, les pneus des voitures sont tellement chauds (près de 120 °C) qu'on pourrait y faire cuire un œuf !*

40 *Michael Schumacher détient le record de victoires en Grand Prix. Il en a remporté 91, dont 13 en 2004.*

DE VRAIS BOLIDES !

Kimi Räikkönen au volant de sa Ferrari F2007 à Monza, en Italie. Il a été champion du monde en 2007.

Cette **McLaren MP4-23** a remporté le championnat du monde 2008 grâce au pilotage hors pair de Lewis Hamilton.

Jenson Button négocie un virage avec sa **Brawn BGP 001** en 2009, année de sa victoire aux championnats du monde.

En quête de vitesse

Le premier Championnat du monde de formule 1 a eu lieu en 1950. Depuis, les voitures de F1 ont beaucoup évolué. Autrefois, elles étaient conçues pour durer plusieurs saisons. Aujourd'hui, les équipes de F1 construisent un nouveau véhicule chaque année. Les engins modernes sont équipés de dispositifs électroniques et de moyens de sécurité. Leur vitesse de pointe n'est guère plus élevée que celle de leurs aînés, mais leur meilleure maniabilité, leurs capacités de freinage et d'accélération leur permettent d'effectuer des tours de circuit bien plus rapidement.

MASERATI 250F
ORIGINE Italie
ANNÉES DE COURSE 1954–1958
VICTOIRES EN GRAND PRIX 8
VITESSE DE POINTE 290 km/h

FERRARI 312/68
ORIGINE Italie
ANNÉES DE COURSE 1966–1969
VICTOIRES EN GRAND PRIX 3
VITESSE DE POINTE 310 km/h

LOTUS 49
ORIGINE Royaume-Uni
ANNÉES DE COURSE 1967–1970
VICTOIRES EN GRAND PRIX 6
VITESSE DE POINTE 290 km/h

TYRRELL P34
ORIGINE Royaume-Uni
ANNÉES DE COURSE 1976–1977
VICTOIRE EN GRAND PRIX 1
VITESSE DE POINTE 300 km/h

INCROYABLE !

En 2004, Red Bull a racheté la Jaguar Racing à Ford Motor Company pour la modique somme de 1 €. Six ans plus tard, l'équipe est devenue championne du monde grâce à sa RB6 (ci-contre).

LOTUS 79
ORIGINE Royaume-Uni
ANNÉES DE COURSE 1978–1979
VICTOIRES EN GRAND PRIX 7
VITESSE DE POINTE 330 km/h

McLAREN HONDA MP4/4
ORIGINE Royaume-Uni
ANNÉE DE COURSE 1988
VICTOIRES EN GRAND PRIX 15
VITESSE DE POINTE 338 km/h

FERRARI F300
ORIGINE Italie
ANNÉE DE COURSE 1998
VICTOIRES EN GRAND PRIX 6
VITESSE DE POINTE 338 km/h

McLAREN-MERCEDES MP4/23
ORIGINE Royaume-Uni et Allemagne
ANNÉE DE COURSE 2008
VICTOIRES EN GRAND PRIX 6
VITESSE DE POINTE 322 km/h

ZOOM SUR LA CONDUITE

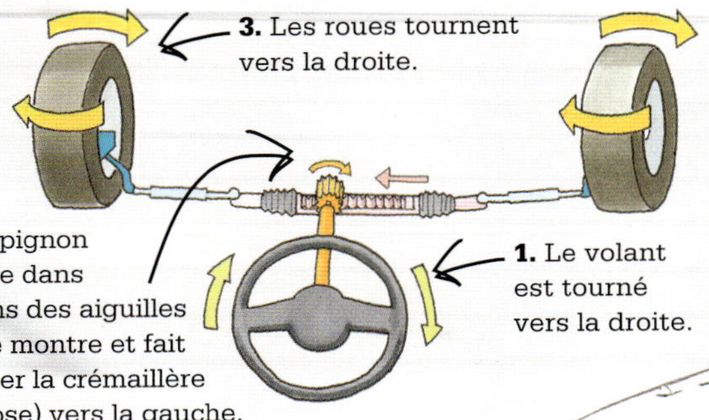

***STOCK CARS* EN COURSE**

La NASCAR est l'association qui gère les courses automobiles de *stock cars* aux États-Unis. La saison de NASCAR débute avec le Daytona 500, une course de 804,7 km en Floride, aux États-Unis.

Grâce aux **freins ultrapuissants,** le pilote peut ralentir brusquement au dernier moment pour négocier un virage *in extremis.*

La NASCAR

Connais-tu les véhicules de NASCAR, le type de course favori des Américains ? Ces berlines trafiquées sont équipées de moteurs monstres, 5 fois plus puissants que celui d'une voiture familiale classique. Pas moins de 40 machines prennent le départ d'une course de NASCAR, mais il y en a beaucoup moins à l'arrivée tant les voitures roulent vite et près les unes des autres : accrochages et carambolages se succèdent, mais les dépassements et la conduite sont spectaculaires !

INFOS RAPIDES

10 *Les véhicules de NASCAR quittent la piste pour faire le plein et changer les 4 roues. L'arrêt aux stands dure moins de 15 secondes.*

20 *Un peu plus de 60 millions de spectateurs ont assisté aux événements de NASCAR ou les ont suivis à la télévision en 2010.*

30 *Les courses de NASCAR sont très longues. La palme revient à la Coca Cola 600 : durant l'épreuve, les voitures effectuent 400 tours d'une piste de 2,4 km.*

C'EST FOU !
Richard Petty a remporté **200 courses de NASCAR**, soit plus que n'importe quel autre pilote. Il a également terminé dans les 10 premiers à **712 reprises !**

PUISSANCE DU MOTEUR
850 ch

ORIGINE
États-Unis

POIDS
1 542 kg

VITESSE
300 km/h

PARE-CHOCS CONTRE PARE-CHOCS

Les ***pickups* de NASCAR** sont équipés de puissants moteurs de course. Ils peuvent atteindre une vitesse de 288 km/h.

Les **accidents de NASCAR** sont fréquents. Les pilotes portent un casque et sont protégés par une structure en tubes d'acier.

Toujours plus vite !

Qu'il s'agisse de courses rapides ou sur longue distance, les voitures s'affrontent partout, de toutes les façons possibles. Certaines compétitions se pratiquent hors-piste, sur des sols bosselés, boueux ou glacés, mais la plupart se déroulent à des vitesses folles sur des pistes lisses et rapides. Voici les plus célèbres de toutes.

LES 24 HEURES DU MANS
Dans cette compétition, qui se tient au Mans, dans la Sarthe, depuis 1923, 3 pilotes se relaient sur chaque voiture pour rouler sur le circuit pendant 24 heures d'affilée. C'est la voiture qui effectue le plus de tours qui remporte la course. Ci-contre, l'Audi R18 TDI, qui a gagné en 2011, file à toute allure lors d'un entraînement.

L'INDY 500
Les voitures déboulent dans les stands lors de l'Indy 500 de 2011. Cette compétition, qui se dispute depuis 1911, est la plus importante des IndyCar Series et la plus célèbre course américaine. Les véhicules effectuent 200 tours d'une piste de 4,02 km, surnommée la *brickyard*.

MON HISTOIRE : DAN WHELDON

NÉ EN 1978, **MORT EN** 2011
PAYS Royaume-Uni
COMPÉTITION IndyCar Series
VICTOIRES EN INDYCAR SERIES 16
ARRIVÉES DANS LES 3 PREMIERS 41

Dan Wheldon n'avait que 4 ans quand il a conduit son premier kart. Il a terminé 19e lors de sa première participation à l'Indy 500 en 2003, mais a remporté la course en 2005, puis en 2011, où il a pris la tête au dernier tour. Il est mort dans un accident de course quelques semaines après sa victoire.

LE GRAND PRIX DE MONACO
Ces bolides de F1 négocient un virage serré dans les rues étroites de Monaco. La course s'est tenue pour la première fois en 1929 ; les pilotes effectuent 78 tours d'un circuit tortueux et difficile, qui inclut également un tunnel.

LE DAYTONA 500
Trevor Bayne, dans la voiture 21 (à droite) mène lors du Daytona 500, la plus célèbre course de NASCAR. À 21 ans, Bayne a été le plus jeune vainqueur de la compétition, et le premier à la remporter lors de sa première participation.

Les dragsters

1... 2... 3... 4... 5... Avant même que tu arrives à 6, une course de *dragster Top Fuel* est déjà terminée ! Ces bolides s'élancent sur une piste droite de 402 m appelée *dragstrip* et atteignent plus de 480 km/h en un éclair ! Quel est leur secret ? Des moteurs monstrueux qui utilisent un mélange de carburant explosif pour générer une puissance phénoménale !

C'EST FOU !
En 2005, Tony Schumacher a parcouru les 402 m de la piste en moins de **4,44 secondes,** au volant d'un *dragster* de l'équipe de l'armée américaine. Cela équivaut à 540 km/h !

DROIT VERS LA VICTOIRE
L'équipe de *dragster* catégorie *Top Fuel* de l'armée américaine déboule sur la piste. Le pilote et les moteurs sont placés près des roues arrière pour que les pneus soient plaqués vers le bas et adhèrent à la piste. Parmi les pilotes de l'équipe se trouve Tony Schumacher, qui a remporté plus de 500 courses de *dragster*.

Le ***cockpit*** est entou[ré] d'un châssis protecteur de tubes de métal appelé « cage de protection au retournement ».

Les larges **roues arrière** sont munies de pneus à gomme tendre, qui chauffent et adhèrent ainsi mieux à la piste.

ZOOM SUR LE COMPRESSEUR À SURALIMENTATION

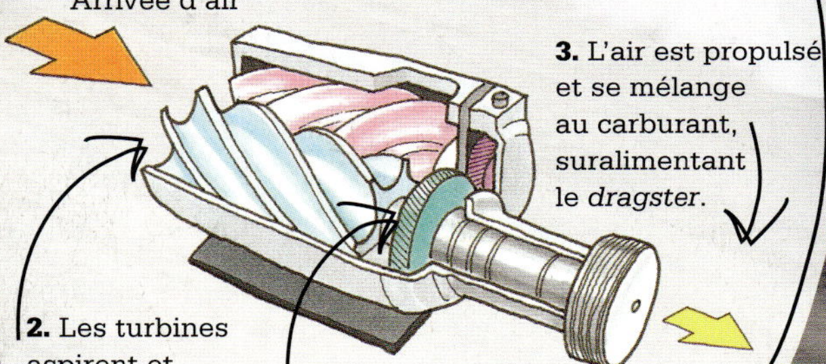

PARACHUTE OBLIGATOIRE
Les *dragsters* franchissent la ligne d'arrivée à des vitesses folles ; il faut donc un moyen pour les ralentir rapidement. Ils sont équipés de parachutes, qui se gonflent à l'arrière. En prenant l'air, ils créent une force de traînée qui freine le *dragster* instantanément.

RAPIDES COMME L'ÉCLAIR

De **puissantes motos** concourent aussi sur les *dragstrips*. Elles sont lestées d'une *wheelie bar*, une barre les empêchant de se retourner.

Les ***Funny cars*** ressemblent un peu à des berlines, mais sont ultrarapides, et peuvent atteindre des vitesses au-delà de 480 km/h.

INFOS RAPIDES

10 *Avant la course, les roues arrière du dragster patinent à l'arrêt ; de la gomme se dépose sur la piste et les roues y adhèrent mieux.*

20 *Un départ canon est crucial. Un dragster Top Fuel peut accélérer de 0 à 160 km/h en à peine 0,7 seconde !*

30 *Après seulement 200 m le long de la piste, un dragster peut déjà rouler à 450 km/h.*

Les superbikes

Les *superbikes* n'ont que 2 objectifs : la puissance et la vitesse, que ce soit sur route ou sur circuit. Ce sont des motos haut de gamme, équipées de freins et suspensions dernier cri, ainsi que de puissants moteurs. Cela fait d'elles des engins très rapides, à la conduite ultrasensible, réservés aux pilotes chevronnés.

PUISSANCE DU MOTEUR 221 ch	**VITESSE** 326 km/h
POIDS 184 kg	**ORIGINE** Italie

INFOS RAPIDES

10 *Honda et Ducati ont remporté 21 victoires sur 23 en championnat du monde de Superbike depuis sa mise en place en 1988.*

20 *En 2011, Jenny Tinmouth a été la première femme à prendre part au championnat britannique de Superbike.*

30 *Avec un départ arrêté, un superbike peut parcourir 400 m en à peine plus de 9 secondes !*

Un **bras oscillant** relie la roue arrière au reste de la moto. Élément de la suspension, il s'abaisse ou se relève.

Le **puissant moteur de course** est refroidi par de l'eau, comme la plupart des moteurs de voitures.

C'EST FOU !
L'Aprilia RSV4 a beau peser 6 fois moins lourd qu'une voiture familiale classique, cela ne l'empêche pas d'être presque **2 fois plus puissante.**

Cette **Yoshimura Suzuki GS1000** a conduit son pilote Wes Cooley à la victoire lors du championnat AMA Superbike en 1979.

Les ***superbikes* du futur** seront peut-être équipés de moteurs électriques, comme sur cette moto de course Mission R.

À grande vitesse, le **pare-brise en plastique renforcé** envoie l'air vers le haut, par-dessus le pilote.

EN AVANT, TOUTE !

Le pilote italien Max Biaggi se penche dans un virage sur son Aprilia RSV4, sur le circuit de Phillip Island, en Australie. C'est avec ce même engin que Biaggi a remporté le championnat du monde de *Superbike* 2010.

ZOOM SUR LE FREIN À DISQUES

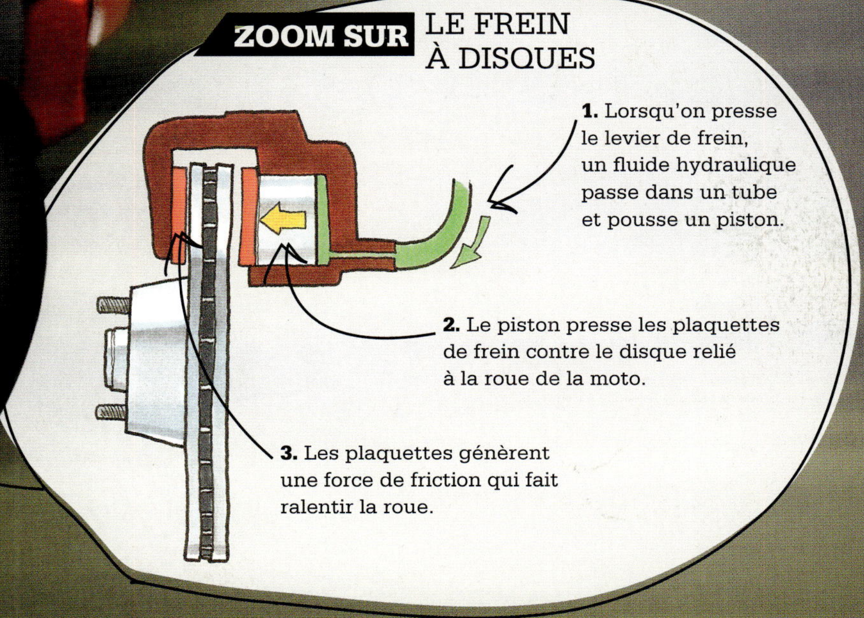

Des **pneus lisses de type *slick*** permettent une bonne adhérence à grande vitesse.

LES CHAMPIONNATS DU MONDE DE *SUPERBIKE*

Leon Haslam entraîne une nuée de pilotes dans un virage, durant une course de championnat de *Superbike*. Les épreuves, chacune composée de 2 courses, ont lieu sur 13 week-ends dans l'année. Chaque course se dispute sur environ 100 km.

LES SUPERMOTARDS

Ce mélange de motocross (voir p. 26-27) et de course sur route se pratique avec des motos de motocross munies de pneus de route. Les pilotes concourent sur des circuits constitués de bitume et de terre.

MON HISTOIRE : LE *MOTODROME*

LIEU États-Unis

ÉPOQUE Années 1920 et 1930

VITESSE DE POINTE 160 km/h

MEILLEURES ÉQUIPES Indian, Harley-Davidson, Excelsior

Les courses sur des pistes en bois courtes, rondes ou ovales, étaient très populaires autrefois aux États-Unis. Les pistes étaient alors fortement inclinées et il fallait des nerfs d'acier pour s'y aventurer, d'autant que les pilotes ne portaient pas de casque et que la plupart des motos utilisées ne possédaient pas de freins.

Accélère !

Les pilotes de moto adorent se mesurer les uns aux autres, et les compétitions auxquelles ils peuvent prendre part, avec différents types d'engins, sont nombreuses. Lors des courses locales, c'est avant tout l'émulation et le défi qui priment, mais les événements majeurs, réservés aux professionnels, ont des enjeux financiers importants. La star de Grand Prix Valentino Rossi, par exemple, aurait gagné 26 millions d'euros lors de la saison 2009.

LES COURSES DE SIDE-CAR

Le side-car est un habitacle à une roue fixé sur le côté d'une moto, qui accueille un passager. Sur ce circuit, le passager (ci-dessous, à droite) se tient hors du side-car pour maintenir l'équilibre du véhicule dans le virage.

Casey Stoner file en tête lors du Grand Prix de Doha, en 2011.

LES MOTOS DE GRAND PRIX

Les motos utilisées dans les Grand Prix sont de vrais prototypes, réalisés artisanalement et non disponibles à la vente. Elles sont incroyablement rapides. Lors du Grand Prix italien de 2009, Dani Pedrosa a atteint la vitesse record de 349,29 km/h sur sa Honda RC212V.

Dans la boue

Splash ! Si tu aimes la boue, tu vas aimer le motocross ! Les courses ont lieu sur des circuits truffés de pentes, de virages serrés et de bosses, qui envoient le pilote dans les airs. Près de 40 concurrents se pressent au départ d'une course : les accrochages et les chutes sur un tel terrain sont donc courants ! Le pilote doit être fort et mince, très compétent et intrépide.

C'EST FOU !
Chaque année, **900 concurrents** prennent part à l'incroyable Enduro du Touquet, qui a lieu dans le nord de la France. Ils parcourent 16,8 km sur les dunes de sable !

INFOS RAPIDES

10 *Les courses de motocross de haut niveau peuvent durer de 30 à 40 minutes, et mettent le corps du pilote à rude épreuve.*

20 *Les pilotes de motocross portent un casque, des gants et une combinaison de protection intégrale.*

30 *Les motos de dirt sont légères, maniables et stables, et sont dotées d'un système de suspension puissant.*

40 *En 2004, l'Américain Ricky Carmichael a gagné chacune des 24 courses du championnat américain de motocross.*

La **bande de roulement à crampons du pneu** permet à la roue d'adhérer au sol lorsqu'il est boueux.

PUISSANCE DU MOTEUR
53 ch

VITESSE
Environ 161 km/h

POIDS
111,9 kg

ORIGINE
Japon

ZOOM SUR LA SUSPENSION

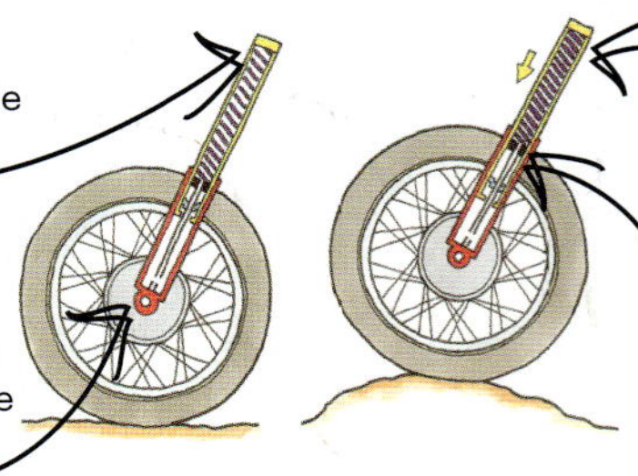

1. La fixation supérieure est placée sur le cadre de la moto.

2. La fixation inférieure est placée sur le bras de suspension de la roue.

3. Un puissant ressort se serre lorsque le véhicule passe sur une bosse.

4. Un amortisseur hydraulique réduit le sursaut provoqué par le choc.

PLACE AU MOTOCROSS

Des nuages de poussière volent lorsque 40 pilotes prennent le départ lors des championnats d'Océanie, en 2007, en Australie.

De jeunes pilotes de motocross participent à une course junior. Le motocross est une très bonne initiation aux sports mécaniques.

UNE MOTO TOUT-TERRAIN
Un quad s'envole lors d'une course de *cross-country*. Le quad est un véhicule tout-terrain à 4 roues muni d'un guidon, ce qui permet au pilote de le conduire comme une moto.

La **longue selle incurvée** permet au corps du pilote de se déplacer en avant ou en arrière lors du passage des bosses.

Les **repose-pieds** permettent au pilote de prendre un appui dans les parties difficiles de la course.

UNE MOTO SPÉCIALE

Construite pour la course de motocross, la Yamaha YZ450F possède un cadre en aluminium solide mais léger, et un moteur puissant. Elle ne porte ni lumière ni plaque, et ne peut donc pas être utilisée sur route, mais elle est parfaite pour parcourir les pistes tout-terrain.

Du tout-terrain

Autrefois, les véhicules tout-terrain étaient réservés aux militaires, aux fermiers et aux coureurs de rallye. Aujourd'hui, des millions de personnes conduisent des 4x4 de formes et de tailles différentes. Certains servent à transporter des marchandises lourdes, d'autres sont utilisés par les équipes de secours dans les lieux reculés, mais beaucoup n'ont d'autre but que le loisir et l'exploration des pistes et chemins réputés difficiles.

***PICKUP* CHEVROLET**
ORIGINE États-Unis
ANNÉE 1959
LONGUEUR 529 cm
CYLINDRÉE 3 859 cc

KAWASAKI BRUTE FORCE 750 ATV
ORIGINE Japon
ANNÉE 2012
LONGUEUR 219,5 cm
CYLINDRÉE 749 cc

TATRA T815-7
ORIGINE République tchèque
ANNÉE 2004
LONGUEUR 675 cm
CYLINDRÉE De 8 900 à 10 800 cc

KTM ENDURO 690 R
ORIGINE Autriche
ANNÉE 2009
LONGUEUR Environ 202 cm
CYLINDRÉE 654 cc

INCROYABLE !

Ce Hummer H3 fait partie d'une longue série de véhicules à 4 roues motrices. Son histoire remonte à 1899, lorsque le célèbre concepteur de voitures Ferdinand Porsche imagina un véhicule muni d'un moteur électrique pour chacune des 4 roues.

CHEVROLET TAHOE
ORIGINE États-Unis
ANNÉE 2005
LONGUEUR 505 cm
CYLINDRÉE 5 300 cc V8

***PICKUP* FORD F-150**
ORIGINE États-Unis
ANNÉE 2008
LONGUEUR 536,4 cm
CYLINDRÉE 4 200 cc V6, 5 400 cc V8

LAND ROVER 90
ORIGINE Royaume-Uni/Inde
ANNÉE 2008
LONGUEUR 389,4 cm
CYLINDRÉE 2 400 cc

JEEP PATRIOT
ORIGINE États-Unis
ANNÉE 2007
LONGUEUR 440,9 cm
CYLINDRÉE 1 968 cc

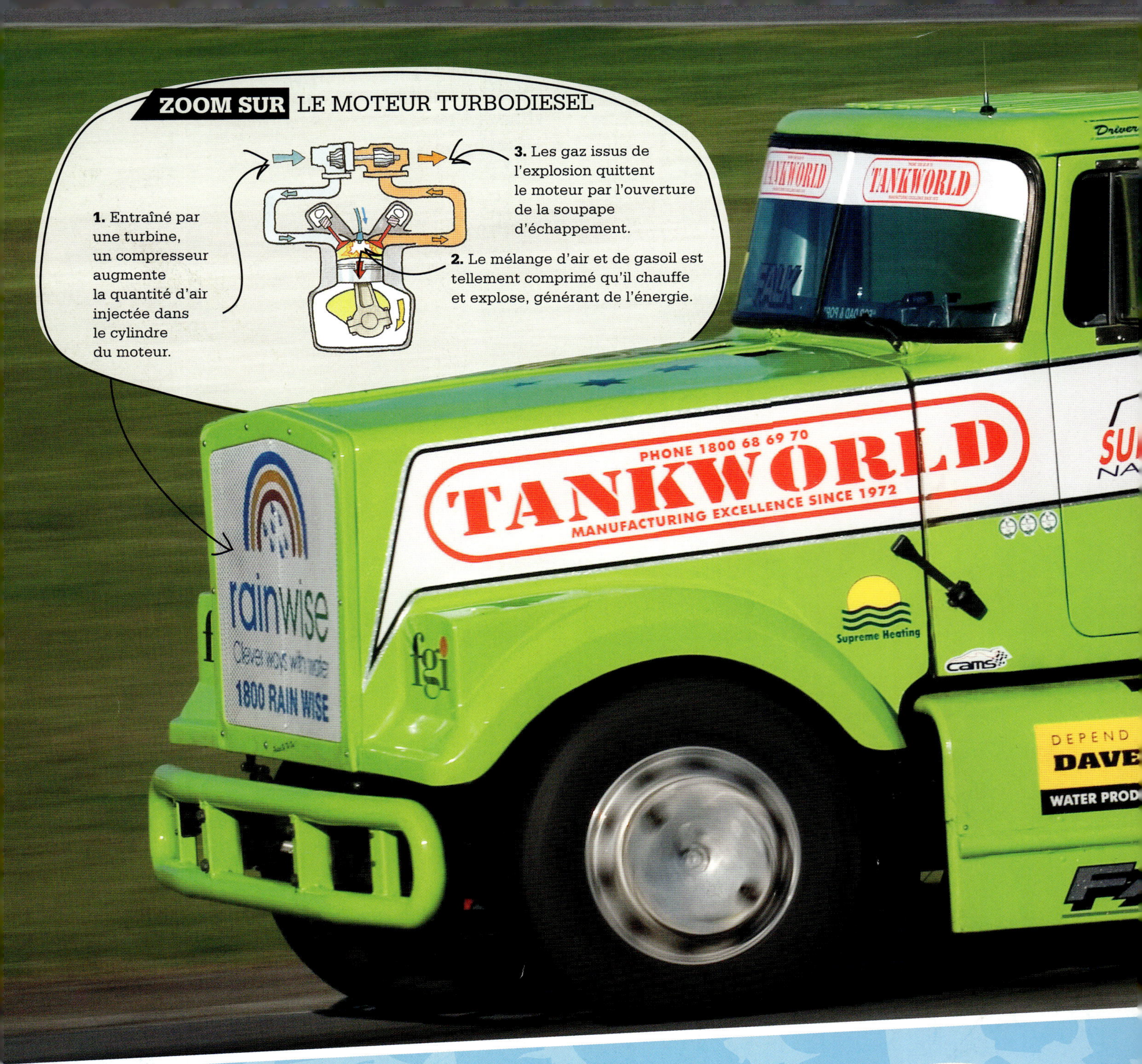

ZOOM SUR LE MOTEUR TURBODIESEL

1. Entraîné par une turbine, un compresseur augmente la quantité d'air injectée dans le cylindre du moteur.

2. Le mélange d'air et de gasoil est tellement comprimé qu'il chauffe et explose, générant de l'énergie.

3. Les gaz issus de l'explosion quittent le moteur par l'ouverture de la soupape d'échappement.

Et les camions ?

Non, tu ne rêves pas ! Tu as peut-être plus l'habitude de voir d'énormes cabines tirant des semi-remorques sur les routes, mais certains camions sont uniquement faits pour la course et s'affrontent sur des circuits devant des milliers de spectateurs ! La conduite est périlleuse, la proximité entre les machines terrifiante. Les chocs et les accrochages sont fréquents lors des dépassements.

C'EST FOU !
Avec un départ lancé, les camions de course peuvent **accélérer pour atteindre 160 km/h** encore plus vite qu'une Porsche 911 !

PUISSANCE DU MOTEUR
Environ 355 ch

VITESSE
Statistiques non disponibles

POIDS
Statistiques non disponibles

ORIGINE
Suède/ États-Unis

TANKWORLD GMC WHITE

Ce camion de course fonce sur la piste du Barbagallo Raceway à Perth, en Australie, lors d'une compétition nationale. Les camions de course sont généralement équipés d'un moteur turbodiesel trafiqué bien plus puissant que celui d'un camion de route.

Les puissants **freins à disque** sont refroidis automatiquement par de l'eau.

MONSTRES SUR ROUES

Des **bus scolaires** (sans leurs occupants !) s'affrontent sur le circuit du Charlotte Motor Speedway aux États-Unis.

De la **fumée s'échappe** lorsque ces camions freinent sur le circuit allemand de Nürburgring.

INFOS RAPIDES

10 *Les courses de camions s'effectuent sur 8 à 12 tours. Pour des raisons de sécurité, la vitesse est limitée à 160 km/h.*

20 *Près de 120 000 fans se pressent lors des championnats d'Europe de courses de camions, organisés sur un seul week-end.*

30 *Les camions possèdent une boîte à 16 vitesses. Cela fait un grand nombre de changements de rapports lors d'une course !*

Sensations fortes

Tu vas mordre la poussière ! La course tout-terrain suprême, le rallye Dakar, existe depuis 1978. Pendant 30 ans, il a relié Paris à Dakar, au Sénégal, à travers l'Europe et l'Afrique. Depuis quelques années, il se déroule en Amérique du Sud. Quel que soit le continent, la piste exténuante, traversant des déserts de sable et des terrains rocailleux, est la plus terrible des épreuves. Parmi les 407 voitures, motos et camions qui ont pris le départ en 2011, seuls 203 ont terminé la course.

VERS LA VICTOIRE
La Volkswagen Touareg de Mark Miller progresse sur la piste poussiéreuse du rallye Dakar en 2011. Miller et son copilote Ralph Pitchford ont terminé à la sixième place de la course de 9 618 km. Il y a 3 vainqueurs lors du rallye Dakar, un pour chaque type de véhicule : voiture, camion ou moto.

MON HISTOIRE :
JUTTA KLEINSCHMIDT

NÉE EN 1962
PAYS Allemagne
PREMIÈRE COURSE DE *CROSS-COUNTRY* Le Rallye des Pharaons en Égypte, en 1987
PREMIER RALLYE DAKAR 1988

Avant d'entreprendre des rallyes, Jutta travaillait comme ingénieur chez BMW. Elle a remporté la première place féminine à moto lors du Paris-Dakar de 1992. En 2001, au volant d'une Mitsubishi Pajero, elle a été la première femme à remporter le rallye Dakar.

ACCIDENTS DE PARCOURS
Un véhicule de course Mitsubishi s'est retourné, dans le Sahara, en Afrique, lors du *rallye Dakar* 1989. Le sable, la boue, la chaleur, les pistes rocailleuses et la traversée périlleuse des cours d'eau mettent les compétences du pilote à rude épreuve.

LA COURSE À MOTO...
Jean-Christophe Ménard pilote sa moto à travers les dunes hostiles du désert d'Atacama, au Chili. Avec 6 victoires, Stéphane Peterhansel reste le meilleur pilote de moto de l'histoire du Dakar.

... ET EN CAMION
Un camion KAMAZ russe grimpe une dune de sable géante dans le désert chilien pendant la course de 2011. Dans le rallye Dakar, les véhicules pesant plus de 3 500 kg sont classés dans la catégorie camion.

Les monster trucks

Scratch ! Et voilà un véhicule réduit en bouillie ! En 1981, Bob Chandler a écrasé sa première voiture à bord de son Bigfoot 1. Peu après, on a appelé sa création « *monster truck* », et le nom est resté. Aujourd'hui, des spectacles mettent en scène ces puissantes machines, souvent des *pickups* munis de roues géantes, de systèmes de suspension ulraperformants et d'énormes moteurs, pour la plus grande joie du public.

LE BLACK STALLION
Ce *monster truck* se cabre devant une montagne de voitures écrasées. Le châssis (le cadre sur lequel sont fixés les composants) du Black Stallion a été conçu exprès pour supporter les chocs lors de l'atterrissage après un saut.

INFOS RAPIDES

10 *Les pneus sont sous-gonflés, pour pouvoir s'écraser lorsqu'ils roulent sur des objets ou qu'ils atterrissent après un saut.*

20 *La plupart des monster trucks sont équipés d'un coupe-circuit pour arrêter le moteur en cas d'impact ou de problème.*

30 *Parmi les nombreux Bigfoot, le Fastrax est un ancien M84 de transport de troupes de l'armée américaine monté sur chenilles.*

ZOOM SUR LE SYSTÈME QUATRE ROUES MOTRICES

1. Le moteur transmet sa puissance aux 4 roues et pas seulement aux 2 roues avant.

2. Les différentiels avant et arrière (en rose) permettent aux roues de tourner à des vitesses différentes.

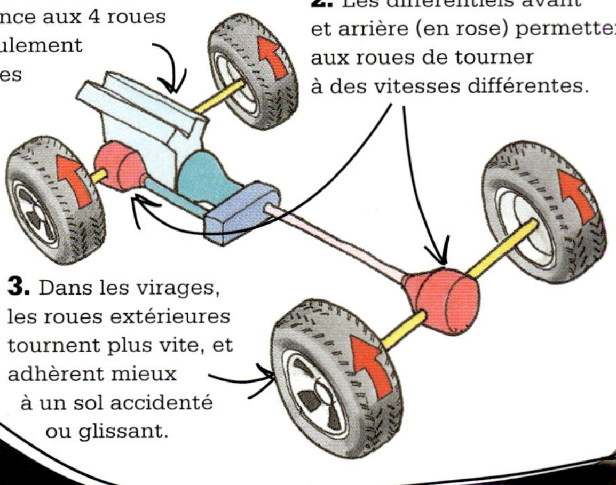

3. Dans les virages, les roues extérieures tournent plus vite, et adhèrent mieux à un sol accidenté ou glissant.

C'EST FOU !
En 1999, Bigfoot 14, conduit par Dan Runte, a établi un **record du monde** en faisant un saut monstrueux de 62 m par-dessus un Boeing 727.

LES PREMIERS MONSTRES

Voici le papa, le tout premier des *monster trucks*, **Bigfoot 1**. Il a été construit en 1979 à partir d'un *pickup* Ford F-250 tout-terrain.

Un *monster truck* **Grave Digger** s'acharne sur une série de voitures. Vingt-sept camions Grave Digger ont été construits depuis le premier modèle, en 1981.

BIGFOOT 5
Une femme se tient à l'intérieur d'une roue de Bigfoot 5. Cet impressionnant *monster truck* pèse plus de 12 700 kg. Il est équipé de pneus de 3,05 m de diamètre, utilisés à l'origine sur les trains routiers de l'armée américaine, en Alaska.

PUISSANCE DU MOTEUR	VITESSE	POIDS	ORIGINE
1 600 ch	Jusqu'à 113 km/h	4 536 kg	États-Unis

Cascadeurs !

Tu aimes les montées d'adrénaline et l'action continue ? Place à la cascade ! Les pilotes de *stunt* sont de vrais casse-cou et réalisent avec une hardiesse folle des dérapages, des sauts et des carambolages de camions, de voitures ou de motos. Les cascadeurs travaillent pour le cinéma ou se produisent en spectacle. Le danger et la mort les guettent à chaque instant. N'essaie surtout pas de les imiter !

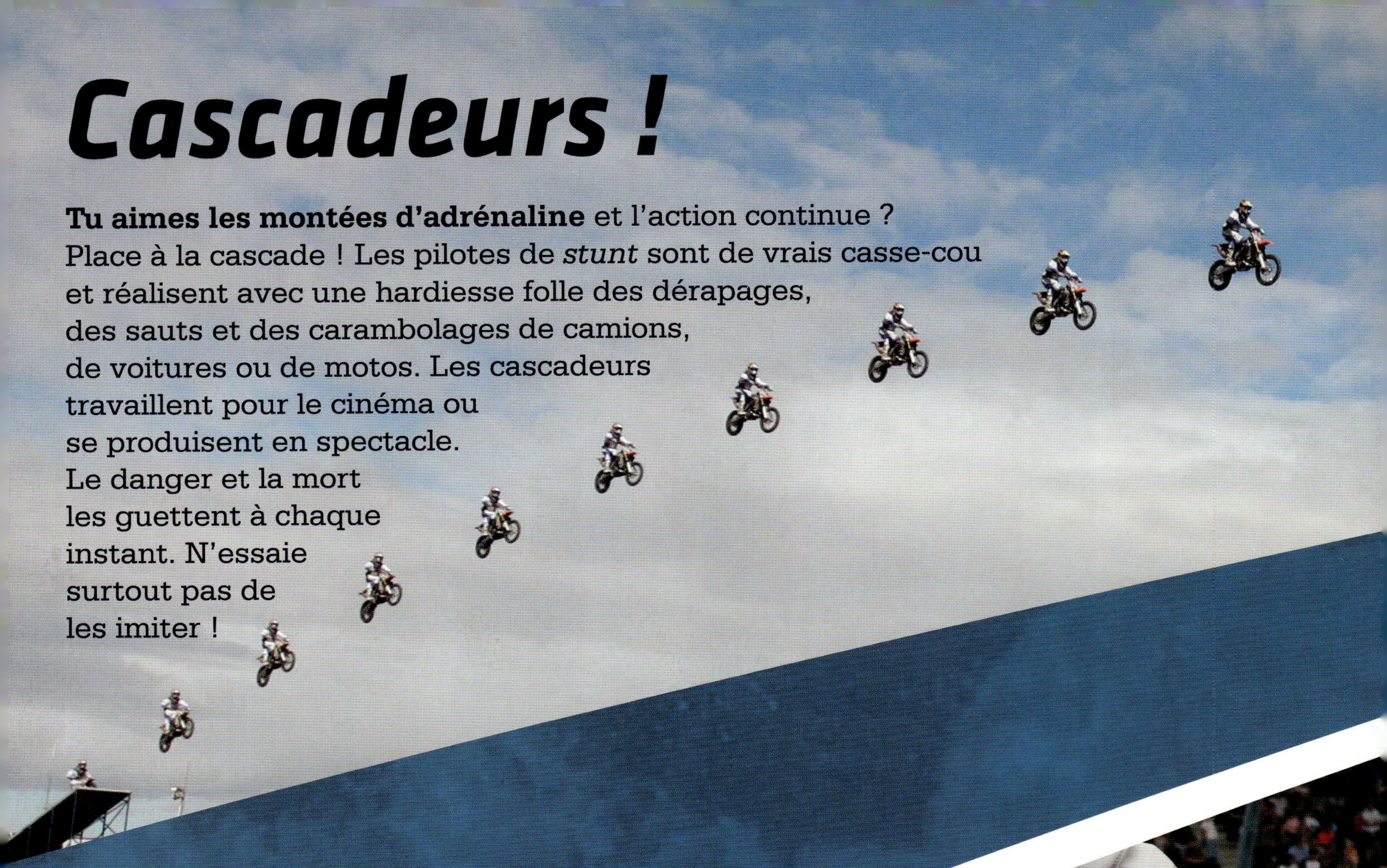

LE MUR DE FEU

Une Opel saute à travers les flammes au cours d'un *extreme stunt show* à Walt Disney World. Les voitures utilisées sont bien plus légères que les véhicules classiques et sont équipées de 4 marches arrière, pour faciliter les cascades.

DES CAMIONS DINGUES

Tu n'auras pas tous les jours l'occasion de voir un camion lever les roues avant et avancer sur les roues arrière ! Un pilote fait frémir la foule en réalisant cette cascade époustouflante lors d'un spectacle en Allemagne.

LE PLUS LONG SAUT À MOTO DU MONDE
L'Australien Robbie Maddison a battu le record du monde de saut à moto en 2008. Ce pilote intrépide a réalisé un saut de 106,98 m !

MON HISTOIRE : EVEL KNIEVEL

NOM Robert Craig Knievel
NÉ EN 1938, **MORT EN** 2007
PAYS États-Unis
TITRE DE GLOIRE Le plus dingue des cascadeurs à moto !

Knievel s'est fait un nom dans les années 1970 en réalisant des sauts que nul autre n'osait tenter. Il a parfois échoué et a ainsi enduré 433 fractures des os au cours de sa carrière ! Un de ses exploits ? Il a sauté par-dessus 14 bus dans l'Ohio, aux États-Unis. Son fils, Robbie, a sauté par-dessus le Grand Canyon en 1999.

DES REPRÉSENTATIONS DE CASCADEURS
L'équipe de cascadeurs Filmka se produit à Taizhou, en Chine, et maintient un équilibre périlleux sur une voiture en mouvement : le pilote l'a fait pivoter et elle n'est plus en appui que sur les roues du côté gauche.

LE MOTOCROSS *FREE STYLE*
Ce pilote réalise un *superman seat grab.* Il laisse partir sa moto de *dirt* Honda et se tient à la selle d'une seule main ! Lors des compétitions de motocross *free style,* les pilotes sont jugés sur la qualité de leurs sauts.

En Harley-Davidson

Lorsque 2 amis d'enfance, William Harley et Arthur Davidson ont constuit leur premier « vélo motorisé », en 1903, ils étaient loin d'imaginer ce que leur réservait l'avenir... En 1920, Harley-Davidson était devenu le plus gros fabricant de motos au monde. L'entreprise a connu des hauts et des bas depuis, mais elle est aujourd'hui mondialement célèbre pour ses motos lourdes, utilisées pour parcourir de longues distances ou pour frimer en ville !

C'EST FOU !

Une Harley-Davidson Road King de 2005 a été mise aux enchères par l'invité d'une émission de télévision afin de récolter des fonds pour les victimes du tsunami de 2004. Elle s'est vendue à plus de **600 000 € !**

ZOOM SUR LA BOÎTE DE VITESSES

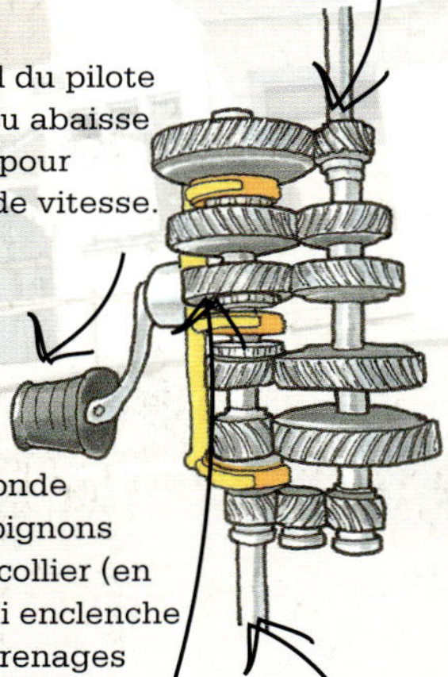

De **gros pots d'échappement** évacuent les gaz brûlés du moteur.

INFOS RAPIDES

10 *Sur les premières Harley-Davidson, la distribution était assurée par des courroies en cuir. Il fallait pédaler pour démarrer le moteur.*

20 *Les Harley-Davidson sont apparues dans de nombreux films, tels que* L'Équipée sauvage *et* Terminator 2.

30 *Les Harley-Davidson sont utilisées dans plus de 3 400 unités de police dans les seuls États-Unis.*

EN ROUE LIBRE

Cette Harley de type ***chopper* classique** possède de longues poignées et son réservoir est peint aux couleurs du drapeau américain.

Avec son vaste tableau de bord et son porte-bagages à l'arrière, l'**Electra Glide** est une grosse routière parfaite pour les longs parcours.

LE FAT BOY 2012

Avec sa grande selle confortable et sa grosse roue arrière de 200 mm de large, le Fat Boy est une moto qui se conduit sur l'arrière, mais son puissant moteur refroidi à l'air et sa boîte à six vitesses lui permettent d'accélérer rapidement en cas de besoin.

La **longue fourche avant** laisse suffisamment de place à la roue pour se soulever lorsque la route est mauvaise.

Le **garde-boue** protège le pilote des éclaboussures et de la boue renvoyée par la roue avant, de 140 mm de large.

CYLINDRÉE DU MOTEUR
1 584 cc

VITESSE
180 km/h

POIDS
315 kg

ORIGINE
États-Unis

FIER EN HARLEY

Tout un convoi de Harley-Davidson se déplace dans une rue. Les propriétaires de Harley sont très fidèles à leurs machines, dont ils sont très fiers. Le Groupe de propriétaires de Harley (HOG) compte plus de 1 million de membres.

Du prestige

Le temps d'un clin d'œil... et elle a disparu. Pour les personnes fortunées qui sont fans de vitesse et de style, rien ne vaut les *supercars*. Fabriquées en petites quantités avec une attention particulière portée aux détails, elles ne transporteront pas vos paquets, mais vont faire chauffer le bitume ! Équipées des technologies les plus récentes, elles sont très basses, ce qui leur permet de fendre l'air à grande vitesse.

C'EST FOU !
En 2010, une Veyron a atteint **431,07 km/h** lors d'une course d'essai. Cela équivaut à 119 m par seconde !

Les **freins ultraperformants** peuvent faire passer la voiture de 400 à 0 km/h en moins de 10 secondes.

INFOS RAPIDES

10 *La Veyron doit son nom à Pierre Veyron, le pilote qui a remporté les 24 Heures du Mans (voir p. 18) en 1939.*

20 *Pour évacuer la chaleur générée par le moteur et la vitesse, la Veyron possède 10 radiateurs munis de ventilateurs.*

30 *Si une Veyron roulait sans discontinuer à sa vitesse maximale, son réservoir de 100 litres se viderait au bout de 80 km.*

LA BUGATTI VEYRON
Cette bête féroce était la voiture de série la plus rapide lors de son lancement, en 2005. Propulsée par un énorme moteur à 16 cylindres, elle peut passer de 0 à 200 km/h en à peine 7,3 secondes. C'est ce qu'on appelle un bolide !

ZOOM SUR L'AÉRODYNAMIQUE

2. La forme fuselée de la Veyron permet à l'air de glisser en douceur à la surface. Cela réduit sa résistance.

3. L'aileron arrière, appelé « becquet », crée une force d'appui qui permet à la voiture de rester plaquée sur la route à grande vitesse.

1. Une voiture est ralentie par la résistance de l'air, en particulier à grande vitesse.

La **caisse de la voiture** s'abaisse pour faciliter l'adhérence à la route à grande vitesse.

À FOND !

La vitesse de pointe ahurissante de cette puissante *supercar* italienne, la **Pagani Zonda**, est de 354 km/h.

Cette rutilante **Lamborghini Diablo** peut atteindre 100 km/h en environ 4,5 secondes. Sa vitesse maximale est de 325 km/h.

PUISSANCE DU MOTEUR 1 050 ch	**VITESSE** 431 km/h
POIDS 1 888 kg	**ORIGINE** France/ Allemagne

Les supercars

Fabriquées en édition limitée, les *supercars* sont des voitures de sport haute-performance avec une sacrée dose d'originalité. Si tu en achètes une, tu te feras sûrement remarquer ! Tout au moins, si quelqu'un arrive à t'apercevoir quand tu passeras en trombe. Toutes les fabuleuses *supercars* présentées sur cette double page sont rapides comme l'éclair avec un départ arrêté, bourrées de dispositifs technologiques de pointe, et dépassent parfois les 320 km/h !

MERCEDES-BENZ SL65
ORIGINE Allemagne
FABRIQUÉE EN 2005
PUISSANCE DU MOTEUR 604 ch
VITESSE DE POINTE 322 km/h

BENTLEY CONTINENTAL SUPERSPORTS
ORIGINE Allemagne
FABRIQUÉE EN 2009
PUISSANCE DU MOTEUR 620 ch
VITESSE DE POINTE 328 km/h

FERRARI 599 GTB
ORIGINE Italie
FABRIQUÉE EN 2009
PUISSANCE DU MOTEUR 612 ch
VITESSE DE POINTE 330 km/h

LAMBORGHINI MURCIÉLAGO 670
ORIGINE Italie
FABRIQUÉE EN 2009
PUISSANCE DU MOTEUR 670 ch
VITESSE DE POINTE 343 km/h

INCROYABLE !

En 2009 a été dévoilée la Bertone Mantide, avec sa carrosserie légère en fibre de carbone, sa forme fuselée et sa vitesse de pointe de 351 km/h. Bertone a également conçu la Stratos Zero et l'Alfa Romeo BAT 9 (voir p. 50).

ASTON MARTIN ONE-77

ORIGINE Royaume-Uni
FABRIQUÉE EN 2011
PUISSANCE DU MOTEUR 750 ch
VITESSE DE POINTE 354 km/h

RUF PORSCHE CTR3

ORIGINE Allemagne
FABRIQUÉE EN 2007
PUISSANCE DU MOTEUR 691 ch
VITESSE DE POINTE 375 km/h

SHELBY SSC ULTIMATE AERO TT

ORIGINE États-Unis
FABRIQUÉE EN 2007
PUISSANCE DU MOTEUR 1 183 ch
VITESSE DE POINTE 413 km/h

KOENIGSEGG CCX-R

ORIGINE Suède
FABRIQUÉE EN 2006
PUISSANCE DU MOTEUR 1 064 ch
VITESSE DE POINTE 402 km/h

Supersonique !

Place aux détenteurs de records toutes catégories ! Beaucoup de voitures, de camions et de motos ont l'air très rapides. Mais c'est ici qu'on entre dans la cour des grands, avec les véhicules terrestres les plus rapides de la planète. Il faut plusieurs années pour concevoir et tester ces bolides hors normes. Beaucoup possèdent un moteur d'avion, voire de fusée, pour se propulser en avant, généralement dans des déserts de sel, qui offrent une surface de course parfaitement lisse.

LE THRUST SSC
Détenteur du titre de « voiture la plus rapide de la terre » depuis 1997, le Thrust SSC était propulsé par 2 moteurs de *jets* militaires. C'est un pilote de *jet,* le lieutenant-colonel Andy Green, qui l'a poussé à la vitesse à peine concevable de 1 227,96 km/h.

MON HISTOIRE :
BLOODHOUND SSC

BUT Passer la barrière des 1 600 km/h
PAYS Royaume-Uni
PILOTE Andy Green

En cours de développement, le Bloodhound SSC est équipé de 2 moteurs. Un moteur de *jet,* habituellement utilisé sur les Eurofighter, permettra au véhicule d'atteindre 563 km/h en à peine 15 secondes. Un moteur de fusée prendra ensuite le relais pour propulser le Bloodhound en avant et, avec un peu d'espoir, dépasser la barrière des 1 600 km/h ! Quel défi !

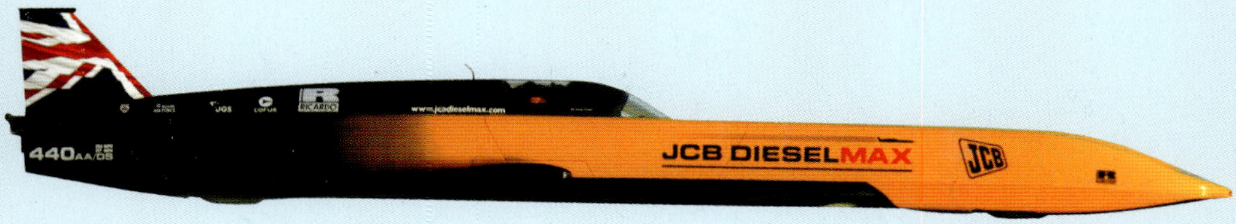

LE VÉHICULE DIESEL LE PLUS RAPIDE

Le moteur JCB444 alimente les tracteurs et les pelleteuses. En 2006 toutefois, 2 de ces moteurs ont propulsé le JCB Dieselmax à 529 km/h, battant l'ancien record du monde de près de 150 km/h !

LA MOTO LA PLUS RAPIDE

La Top Oil Ack Attack est une moto recouverte d'une carrosserie parfaitement lisse conçue spécialement pour fendre l'air. En 2010, elle a atteint la vitesse record de 601,85 km/h.

LA PLUS RAPIDE VOITURE SANS ROUES MOTRICES

Certains de ces bolides ne sont pas équipés de roues motrices, mais utilisent la poussée des moteurs pour se déplacer. Le *Spirit of Rett* est la plus rapide des voitures n'utilisant qu'un seul moteur pour mouvoir ses roues... extrêmement vite ! En 2010, il a roulé à 666,8 km/h.

ENGINS DE RÊVE

Des chromes rutilants, des finitions parfaites, des moteurs puissants et une carrosserie sublime... Il n'est pas étonnant que tant de personnes rêvent de posséder la plus incroyable des motos ou la plus impressionnante des voitures. Bienvenue dans l'univers des *supercars* les plus rapides, des limousines les plus luxueuses, des motos les plus énormes et des voitures aux performances les plus folles. Découvre aussi les tout premiers véhicules qui ont donné la passion des voitures à des millions de gens !

EXTERIEUR OUTER
EXTRA LOAD

La Ford T

Admire la voiture mythique qui a révolutionné le monde de l'automobile. En 1908, le modèle T est sorti pour la première fois de la chaîne de production de l'usine de Henry Ford. Voiture solide, fiable et équipée de pièces détachées standard, son prix était nettement plus bas que celui de ses concurrentes. Surnommée « Tin Lizzy », la Ford T a été la toute première voiture que les Américains moyens ont pu s'offrir.

Le **pare-brise au cadre en laiton** nécessite des renforts pour tenir en place.

Les **roues en bois** sont similaires aux roues utilisées dans l'artillerie.

UN GAIN DE TEMPS
Ces Ford T de 1913 ont été fabriquées dans l'usine Ford de Highland Park, dans le Michigan, aux États-Unis. La mise en place d'une chaîne de montage mobile a permis de réduire le temps de construction de chaque voiture de 14 heures à seulement 93 minutes.

QUESTION DE STYLE

Plusieurs versions de la Ford T ont été réalisées. Cette **Roadster de 1915** avait une caisse courte et était équipée d'une capote.

Cette **Ford T Speedster classique de 1924** affichait une carrosserie épurée, qui s'affinait depuis les sièges vers les roues arrière.

PUISSANCE DU MOTEUR
22 ch

VITESSE
48 à 56 km/h

POIDS
540 kg

ORIGINE
États-Unis

C'EST FOU !

Plus de **15 millions** de Ford T ont été fabriquées entre 1908 et 1927. C'était le plus grand nombre de véhicules d'un même modèle jamais construits avant l'arrivée de la Coccinelle de Volkswagen.

INFOS RAPIDES

10 *La première Ford T ne possédait qu'un cadran sur le tableau de bord. Il indiquait le niveau électrique de la batterie.*

20 *Entre 1914 et 1926, tous les modèles de Ford T étaient peints en noir. Avant, certains étaient bleus, rouges, verts ou gris.*

30 *Les ventes étaient si importantes qu'en 1918, la moitié des véhicules des États-Unis étaient des Ford T.*

40 *Seules 11 Ford T ont été fabriquées lors du premier mois de production. En 1923, ce sont plus de 2 millions de véhicules qui sont sortis de la chaîne.*

ZOOM SUR LES LAMPES À ACÉTYLÈNE

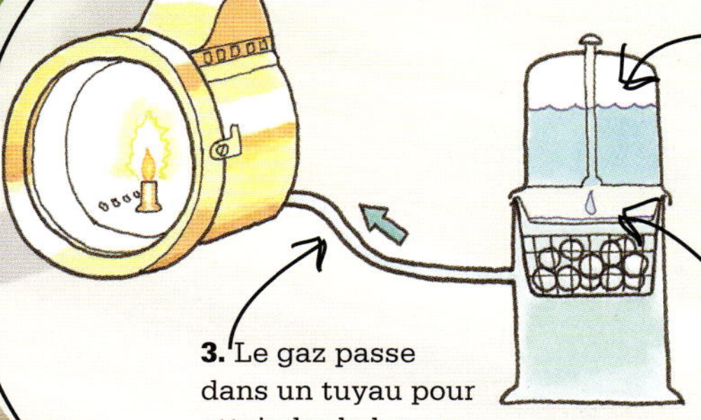

1. La partie supérieure du réservoir est remplie d'eau ; la partie inférieure, de blocs de carbure de calcium.

2. Le conducteur actionne une valve, qui fait tomber de l'eau sur les blocs, créant ainsi de l'acétylène.

3. Le gaz passe dans un tuyau pour atteindre la lampe, où il se consume pour produire de la lumière.

UN COUP DE MANIVELLE

Il était nécessaire de tourner une manivelle à l'avant du véhicule pour faire démarrer cette Ford T de 1910. La voiture ne possédait que 2 vitesses, en marche avant, et était équipée de lampes à gaz.

Les concept cars

Jette un œil à ces véhicules de folie. Les designers ont-ils perdu la tête ? Pas du tout ! Les *concept cars* sont fabriquées pour tester de nouveaux procédés ou caractéristiques, ou pour présenter des formes, des styles et des lignes révolutionnaires. Derrière des apparences cocasses, exagérées même, se cache une technologie de pointe, qui donnera naissance à des véhicules plus sobres quelques années plus tard.

Y-JOB
CONCEPTEUR Buick Automobiles
FABRIQUÉE EN 1938
SPÉCIFICITÉ Portes électriques, ouverture automatique du toit

BAT 9
CONCEPTEUR Alfa Romeo
FABRIQUÉE EN 1955
SPÉCIFICITÉ Aérodynamique, lignes pures, gros ailerons arrière

FIREBIRD III
CONCEPTEUR General Motors
FABRIQUÉ EN 1958
SPÉCIFICITÉ *Cockpit* à double bulle, freins à air comprimé

STRATOS ZERO
CONCEPTEURS Bertone et Lancia
FABRIQUÉE EN 1970
SPÉCIFICITÉ Carrosserie en fibre de verre, porte pare-brise

INCROYABLE !

Le Chevrolet Super Sports Roadster (SSR) a montré que le look ne faisait pas tout. Ce prototype de pickup 2 places cabriolet lancé en 2003 était prometteur, mais l'aspect mécanique s'est révélé faible. Peu de modèles se sont vendus et la production s'est arrêtée en 2006.

F 300 LIFE-JET

CONCEPTEUR Mercedes-Benz
FABRIQUÉE EN 1997
SPÉCIFICITÉ Trois roues, régulation antiroulis, toit repliable

KAZ

CONCEPTEUR IDEA Institute
FABRIQUÉE EN 2001
SPÉCIFICITÉ Limousine allongée, 8 roues mues par l'électricité

PIVO 2

CONCEPTEUR Nissan
FABRIQUÉE EN 2007
SPÉCIFICITÉ Roues qui pivotent à 90 °

LIFECAR

CONCEPTEUR Morgan
FABRIQUÉE EN 2008
SPÉCIFICITÉ Moteur électrique à pile à combustible

La Coccinelle

Dans les années 1930, le gouvernement allemand appelait de ses vœux une « voiture du peuple », que chacun pourrait s'offrir. C'est ainsi qu'est née la Coccinelle, de Volkswagen. Compacte et simple, elle proposait toutefois de grandes avancées, comme un système de chauffage et un moteur refroidi par l'air. Un succès immédiat ! Depuis, les Coccinelle se sont transformées en limousines, en buggies, en voitures de course et même de police !

Le coffre à bagages et la roue de secours sont placés **sous le capot.**

LES PREMIÈRES COCCINELLE

Ces carrosseries des années 1960 attendent sur une chaîne de production en Allemagne. Au cours de la longue vie de la Coccinelle, plus de 70 000 modifications et améliorations ont été apportées au modèle.

LA BAJA BUG

Les Baja Bugs sont des Coccinelle qui ont été modifiées en véhicules tout-terrain. Ce modèle de 1969, nommé Pedro, participe à une course caritative de 31 000 km entre le Royaume-Uni et l'Australie.

UNE COCCINELLE EN CAGE

La carrosserie de cette étonnante Coccinelle est réalisée avec du fer forgé, comme le sont certaines clôtures de jardin ou les anciennes cages à oiseaux. Elle est exposée au musée de Volkswagen, à Wolfsburg, en Allemagne.

UN RALLYE DE COCCINELLE

Plus d'un millier des célèbres voitures de Volkswagen défilent dans Berlin, en Allemagne, avant la première du film *La Coccinelle revient,* qui met en scène une Coccinelle dotée d'une volonté propre.

MON HISTOIRE : COCCINELLE DORÉE

PAYS Allemagne

DATE 1955

ÉVÉNEMENT La millionième Coccinelle Volkswagen

OÙ ? Au ZeitHaus (musée de la Voiture) à Wolfsburg, en Allemagne

Pour célébrer sa millionième voiture, Volkswagen a peint la Coccinelle en doré et a couvert son pare-chocs avant de faux diamants. C'était le premier million avant bien d'autres : lorsqu'on a stoppé la production de la Coccinelle, en 2003, on avait atteint le chiffre de 21 529 464 voitures construites !

ALUMA COUPÉ
MODÈLE ORIGINAL
Fabriqué de toutes pièces
ANNÉE D'ORIGINE 1991
SPÉCIFICITÉ Puissant moteur

FLAMING FORD
MODÈLE ORIGINAL
Coupé Ford Hi Boy
ANNÉE D'ORIGINE 1932
SPÉCIFICITÉ Orné de flammes

SOUPED-UP COUPÉ
MODÈLE ORIGINAL
Coupé Willys Americar
ANNÉE D'ORIGINE 1941
SPÉCIFICITÉ Moteur de 750 ch

BRILLIANT BEL AIR
MODÈLE ORIGINAL
Chevrolet Bel Air
ANNÉE D'ORIGINE 1952
SPÉCIFICITÉ Roues arrière couvertes

Les hot rods

Vroum, vroum ! Laissons place aux fabuleux et délirants *hot rods.* Il y a eu un véritable engouement pour ces voitures en Californie dans les années 1950 : des passionnés ont alors équipé les anciennes Ford T ou les coupés Ford des années 1920 et 1930 de puissants moteurs et les ont ornés de motifs très colorés. Les vieilles voitures se faisant rares, les adeptes de *hot rods* se tournent aujourd'hui vers d'autres modèles ou fabriquent des véhicules de toutes pièces.

LOW LIGHTING

MODÈLE ORIGINAL
Coupé Ford
ANNÉE D'ORIGINE 1934
SPÉCIFICITÉ Feux surbaissés

ALL UP FRONT

MODÈLE ORIGINAL
Coupé Ford
ANNÉE D'ORIGINE 1938
SPÉCIFICITÉ Essuie-glaces supérieurs

CHEVY CHEZOOM

MODÈLE ORIGINAL
Chevrolet Bel Air
ANNÉE D'ORIGINE 1957
SPÉCIFICITÉ Suspensions sport

THE DETONATOR

MODÈLE ORIGINAL
BMW Isetta 600 Microcar
ANNÉE D'ORIGINE 1958
SPÉCIFICITÉ Puissant moteur V8

INCROYABLE !

Les hot rods sont devenus des icônes en 1983, après l'utilisation d'une Ford des années 1930 sur la pochette de l'album Eliminator, du groupe de rock ZZ Top. De voitures de course, les hot rods se sont aujourd'hui transformés en objets pour la parade.

Les concept bikes

Conçues pour aller très vite, ces incroyables motos ne sont même pas autorisées sur route, mais seulement sur les terrains privés. Des véhicules conceptuels tels que celui ci-dessous sont fabriqués à l'unité ou en très petites quantités. Ils permettent aux concepteurs de tester des idées et d'imaginer la moto du futur. Il arrive qu'une poignée de ces engins soient vendus. La Dodge Tomahawk fait partie des rares à avoir eu ce privilège.

C'EST FOU !
Il paraît que seuls 9 exemplaires de la Dodge Tomahawk ont jamais été vendus. Il faut dire que chaque engin coûtait la bagatelle de **420 000 € !**

INFOS RAPIDES

10 *La Dodge Tomahawk a été présentée au Salon international de l'automobile d'Amérique du Nord en 2003.*

20 *Le siège et la carrosserie sont sculptés dans un seul et même bloc d'aluminium vraiment géant !*

30 *La suspension permet au pilote de se pencher fortement dans les virages en gardant les 4 roues au sol.*

40 *Le puissant moteur de la Tomahawk peut la propulser de 0 à 96 km/h en 2,5 secondes.*

UNE MOTO À 4 ROUES

La Dodge Tomahawk est en réalité un hybride mi-auto, mi-moto puisqu'elle a 2 roues à l'avant et 2 roues à l'arrière. Celles-ci sont entraînées par un moteur monstrueux emprunté à une *supercar* Dodge Viper. C'est grâce à cela que la Tomahawk est ultrarapide.

PUISSANCE DU MOTEUR
500 ch

VITESSE
480 km/h

POIDS
680,4 kg

ORIGINE
États-Unis

Le *concept bike* **Honda T2** est muni d'un énorme échappement chromé et d'un large garde-boue bleu au-dessus de la roue arrière.

Dévoilée en 2007, la **Suzuki Biplane** est une rutilante bête jaune équipée d'un moteur d'une cylindrée de 1 000 cc.

Le moteur et la suspension de cette **Victory Core** au châssis en aluminium ont créé l'admiration lors de sa présentation au public.

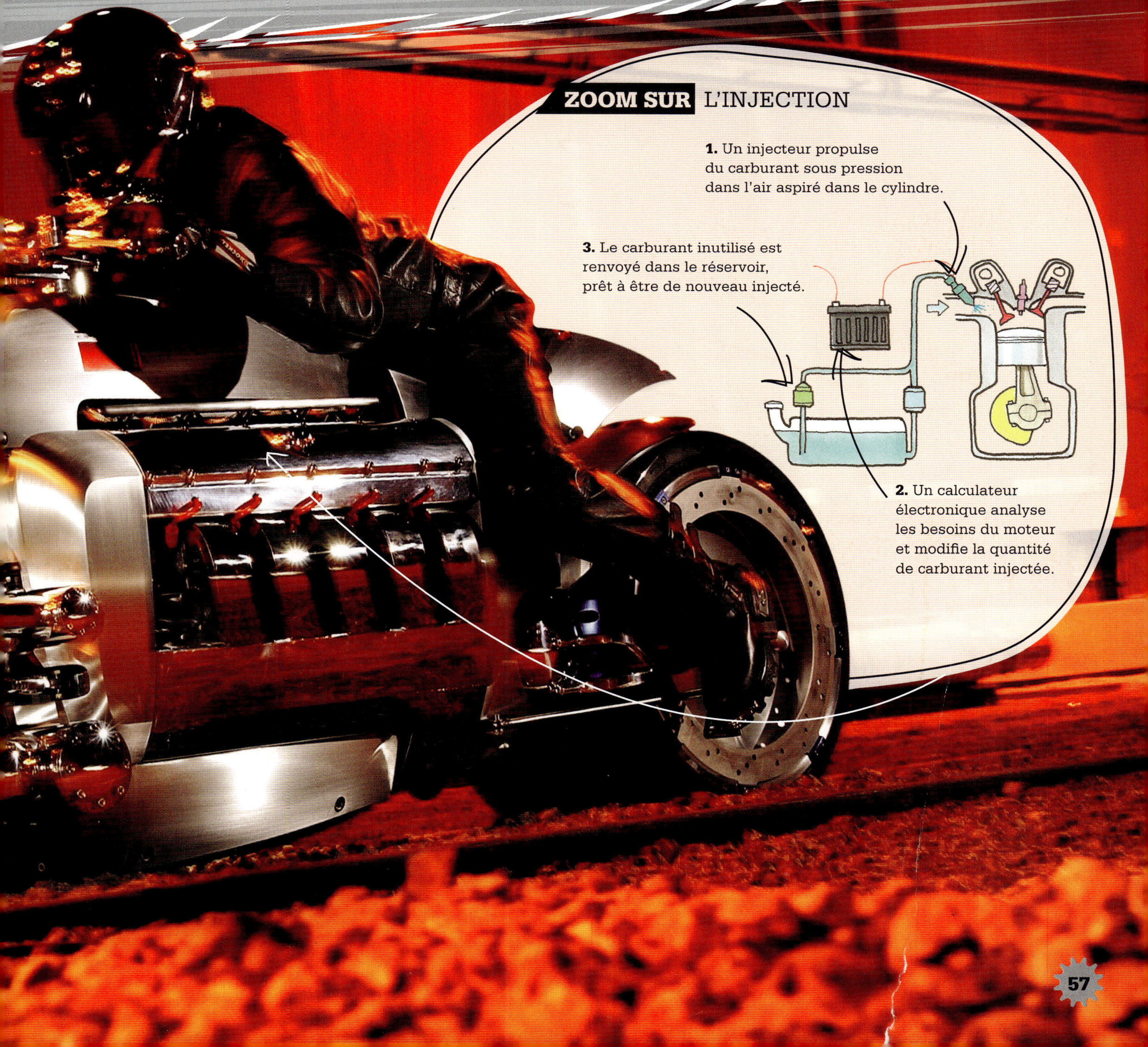

ZOOM SUR L'INJECTION

On s'étire

Le *nec plus ultra* ! Avec leurs vitres électriques teintées, leur lecteur de DVD, leur bar et leur réfrigérateur, les limousines ne craignent rien en matière de luxe. Ces véhicules sont fabriqués uniquement par des carrossiers, qui coupent une voiture de luxe juste derrière les sièges avant. Ils intègrent ensuite des longueurs supplémentaires de carrosserie au centre. Il faut parfois ajouter des roues sur les plus longues voitures pour supporter le poids supplémentaire.

Les **vitres teintées** permettent au conducteur et aux passagers de voir l'extérieur sans être vus.

INFOS RAPIDES

10 Une voiture allongée est plus lourde et plus difficile à stopper. C'est pourquoi les limousines possèdent des freins très puissants.

20 Les limousines étant très longues, elles sont souvent dotées d'une caméra qui projette la vue derrière la voiture sur un écran.

30 Le Midnight Rider est un camion articulé transformé en limousine qui accueille un restaurant pour 40 couverts.

UN PEU DE FASTE...

Les limousines prennent parfois des teintes vives, comme cette **Lincoln** rose. Généralement, elles sont conduites par un chauffeur.

Ce géant **Hummer** allongé à 8 roues peut accueillir jusqu'à 16 passagers. Il possède même une piste de danse éclairée.

UNE MAXI MINI

Cette Mini version XXL est une limousine, créée par l'ajout de sections au centre de la voiture. Elle peut non seulement accueillir 6 personnes, mais aussi se transformer en Jacuzzi si l'on retire le toit à l'arrière.

C'EST FOU !
La plus grande limousine au monde a été construite par Jay Ohrberg. Elle possède **26 roues,** une piscine, un lit *king-size* et même un héliport !

UN INTÉRIEUR GLAMOUR

Détendez-vous et profitez du confort des lieux. L'intérieur d'une limousine comprend souvent un bar, l'air conditionné, un éclairage tamisé, et une ambiance musicale parfaite. On loue généralement ces voitures pour de grandes occasions, comme un mariage ou un anniversaire.

PUISSANCE DU MOTEUR
200 ch

VITESSE
226 km/h

POIDS
Statistiques non disponibles

ORIGINE
États-Unis

ZOOM SUR L'AIR CONDITIONNÉ

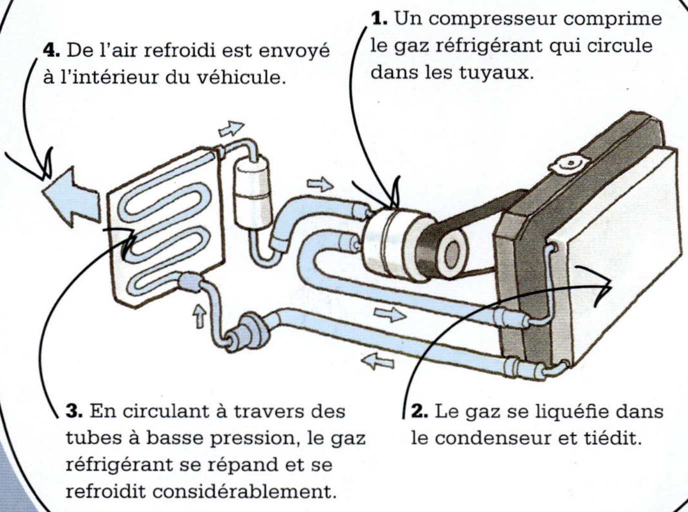

BROOKE 25/30 HP SWAN
ORIGINE Royaume-Uni
FABRIQUÉ EN 1910
SPÉCIFICITÉ Un cygne arrosait les passants pour qu'ils quittent la route

ROLLS ROYCE PHANTOM I
ORIGINE Royaume-Uni
FABRIQUÉE EN 1925
SPÉCIFICITÉ Sièges en cuir faits main, toit rétractable

BUGATTI TYPE 41 ROYALE
ORIGINE France
FABRIQUÉE EN 1933
SPÉCIFICITÉ Un moteur de 12 700 cc de cylindrée, des boutons de tableau de bord en fanons de baleine

CADILLAC FLEETWOOD BROUGHAM
ORIGINE États-Unis
FABRIQUÉE EN 1965
SPÉCIFICITÉ Vitres électriques, intérieur en panneaux de bois

Les voitures de luxe

Prestige et pouvoir : voilà ce que disent ces voitures. Depuis l'invention même des véhicules motorisés, certains ont choisi de payer plus cher pour avoir un modèle hors normes. Ceux-ci sont souvent plus grands et plus spacieux que les voitures classiques, et possèdent des éléments de confort et de loisir en plus. Ils offrent une qualité de conduite exceptionnelle, mais leurs propriétaires emploient souvent un chauffeur pour les conduire à leur place.

MERCEDES-BENZ 560
ORIGINE Allemagne
FABRIQUÉE EN 1985
SPÉCIFICITÉ Système de freinage anti-blocage, sièges chauffants (1988)

JAGUAR XJ12
ORIGINE Royaume-Uni
FABRIQUÉE EN 1972-1997
SPÉCIFICITÉ Direction assistée, sièges en cuir, air conditionné

AUDI A5 COUPÉ
ORIGINE Allemagne
FABRIQUÉE EN 2007
SPÉCIFICITÉ Système audio avec 14 haut-parleurs, écran multimédia

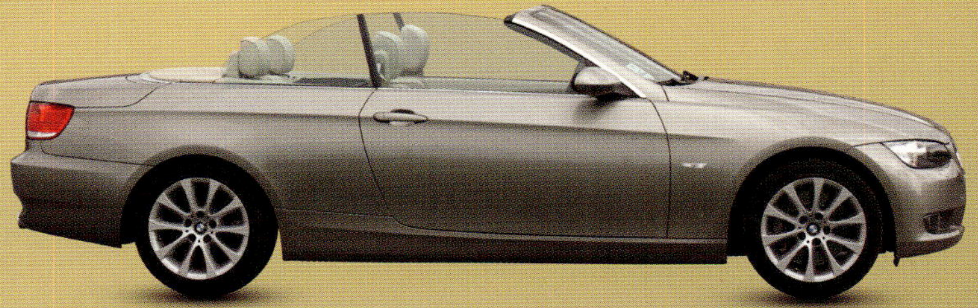

BMW SÉRIE 3 CABRIOLET
ORIGINE Allemagne
FABRIQUÉE EN 2009
SPÉCIFICITÉ Toit ouvrant électrique, Internet

INCROYABLE !

Malgré ses 2 722 kg, la Rolls Royce Phantom Drophead peut atteindre la vitesse maximale de 249 km/h, et peut passer de 0 à 96 km/h en à peine 5,6 secondes.

Petits contre grands

Des bulldozers géants aux petites citadines, la différence est de taille entre petits et grands véhicules ! Parmi les « gros », on trouve les camions utilisés dans l'exploitation minière ou les motos de loisir. À l'opposé se bousculent les minimotos ou les voiturettes. Pour te donner une idée, la minuscule Peel P50 ne pèse guère plus qu'une roue de camion minier !

PEEL P50

Et voici la plus petite voiture jamais produite ! La Peel P50, monoplace, coûtait à peine 240 € lors de sa mise en vente en 1963. Le véhicule ne possédait pas de marche arrière, mais ce n'était pas un problème : il suffisait de sortir de la voiture, de la soulever et de la retourner à la force des bras !

MINIMOTO

Les minimotos sont vraiment, vraiment minuscules : elles mesurent moins de 50 cm de haut et moins de 1 m de long. La puissance du petit moteur n'est que de 4 à 6 chevaux, mais elles sont si petites et légères qu'elles peuvent se mesurer les unes aux autres sur des circuits de karting.

DREAM BIG

La plus grande moto du monde mesure 3,429 m de haut. Ses pneus seuls atteignent 1,88 m de diamètre. Elle peut accueillir un conducteur et 5 passagers. En revanche, les poignées sont purement esthétiques : le Dream Big se conduit à l'aide d'un volant !

UN BULLDOZER ÉNORMISSIME
Ce Caterpillar 797B est un bulldozer géant utilisé dans la construction et dans l'exploitation minière. Son puissant moteur de 106 000 cc de cylindrée possède 20 cylindres différents et a besoin de 8 litres de carburant pour chaque kilomètre parcouru. À côté de son camion de 6,5 m de haut, le conducteur paraît ridiculement petit !

MON HISTOIRE : LIEBHERR T282B

ORIGINE Allemagne, 2004
UTILITÉ Camion à benne
PUISSANCE DU MOTEUR 3 650 ch
RÉSERVOIR 4 732 litres

Ce camion gigantesque peut transporter jusqu'à 372 tonnes de terre et de pierres à la vitesse de 64 km/h. Il est tellement lourd qu'il n'a pas le droit d'emprunter les voies publiques, car il écraserait et détruirait entièrement le macadam goudronné de la route.

6 pneus, chacun pesant 5 300 kg

PUISSANCE DU MOTEUR	VITESSE	POIDS	ORIGINE
175 ch	Sur l'eau : 56 km/h Sur terre : 161 km/h	1 750 kg	Royaume-Uni et États-Unis

LA PUISSANCE DU JET
Le moteur V6 à essence de l'Aquada active ses roues sur terre et entraîne un propulseur d'étrave sur l'eau. L'eau est aspirée puis évacuée à l'arrière en un jet très puissant qui génère presque 1 000 kg de poussée.

La Gibbs Aquada

Vroum ! Splash ! Est-ce une voiture ou un bateau ? Les deux à la fois ! Cet incroyable véhicule amphibie de 4,81 m de long peut voyager sur terre comme sur l'eau. Il flotte sur la mer sans prendre l'eau ! L'Aquada est une création du Néo-Zélandais Alan Gibbs. En un clin d'œil, il se transforme d'une voiture sportive à 3 places en véritable bateau à moteur. De quoi séduire les amateurs de changement !

INFOS RAPIDES

10 *Prépare-toi à casser ta tirelire si tu as envie d'un véhicule de ce genre : chacun d'eux coûte environ 180 000 € !*

20 *L'Aquada n'a pas de portes, ce qui évite les voies d'eau. Chaque élément subit un test pour évaluer sa résistance à la corrosion.*

30 *Gibbs Technologies a dévoilé récemment son premier Quadski : un quad qui se change en jet-ski en quelques secondes !*

40 *Le réservoir de 67 litres contient assez de carburant pour offrir à l'Aquada une autonomie de 90 minutes sur l'eau.*

WaterCar Python. Ce prototype stylé et ultrarapide peut dépasser les 96 km/h lorsqu'il glisse sur l'eau.

Terrawind. Ce bus amphibie de 12,95 m de long se transforme en maison flottante, avec cuisine, salle de séjour et chambre.

De la **place** pour 1 conducteur et 2 passagers

Un **moteur V6,** sous le capot, entraîne le véhicule.

ZOOM SUR LES ROUES RÉTRACTABLES

1. Des capteurs détectent que la voiture flotte sur l'eau et enclenchent la rétractation des roues.

2. Les roues se relèvent et vont se loger dans un compartiment clos qui leur est réservé. Le contact entre les roues et le moteur est coupé.

C'EST **FOU !**

En 2004, un Aquada conduit par Richard Branson a pulvérisé le record de traversée de **la Manche.** Il a effectué le trajet en 1 heure 40, soit presque 4 heures de moins que le record précédent !

Si on volait ?

À partir de quand une voiture n'en est plus une ? Lorsqu'elle se transforme en avion ! Admire ce miracle d'ingénierie qu'est la Terrafugia Transition. Elle replie ses ailes au sol en moins de 30 secondes et peut alors rouler sur route, jusqu'à 105 km/h, en transportant conducteur, passager et bagages. Plus besoin de taxi pour rentrer de l'aéroport !

ZOOM SUR LES AILES

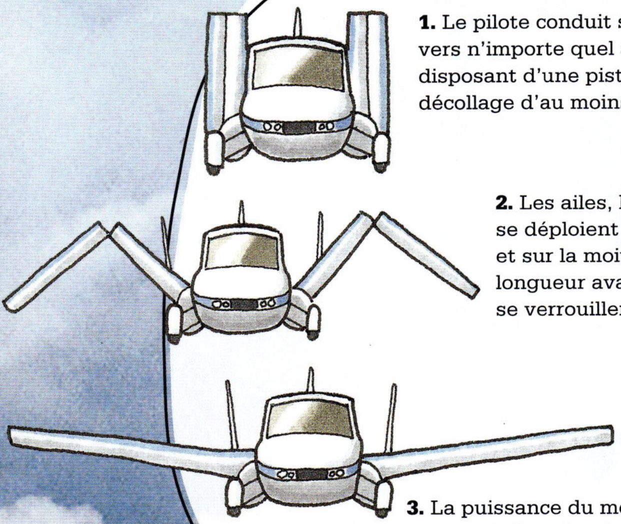

1. Le pilote conduit son véhicule vers n'importe quel aéroport disposant d'une piste de décollage d'au moins 1 524 m.

2. Les ailes, légères, se déploient depuis la base et sur la moitié de leur longueur avant de se verrouiller en place.

3. La puissance du moteur est redirigée : elle n'entraîne plus les roues, mais fait tourner l'hélice.

EN L'AIR

Le prototype de la Transition effectue un vol d'essai. Entraînée par une hélice propulsive derrière le *cockpit* de l'avion, elle peut voler à une vitesse de croisière de 172 km/h et peut parcourir jusqu'à 787 km en un vol.

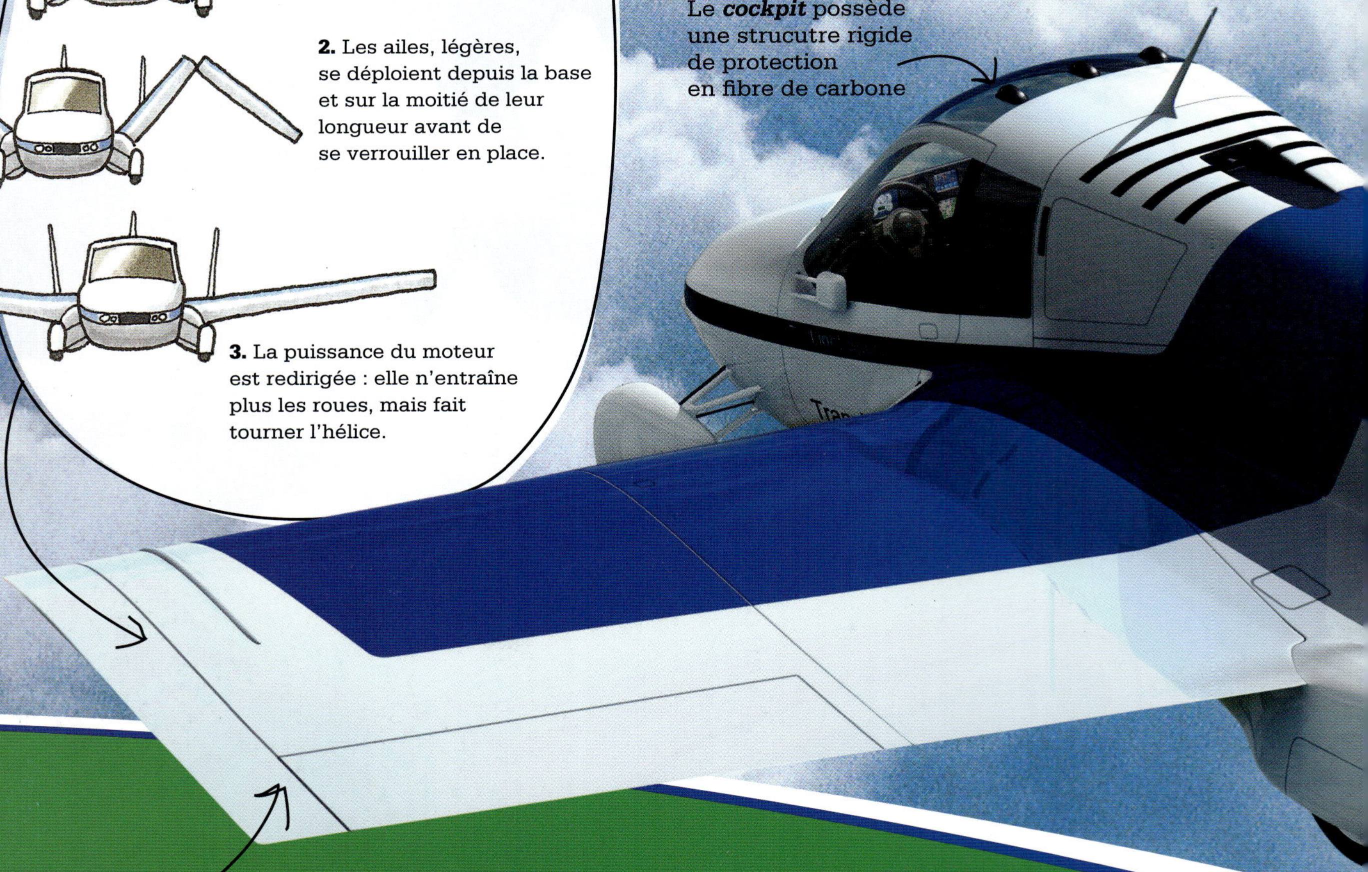

SUR TERRE

Les ailes repliées, la Transition mesure 6 m de long, 2,3 m de large, et peut rouler sur route, son moteur entraînant les roues arrière. Elle est même équipée d'airbags pour le conducteur et le passager.

Les éléments assemblés de l'aile sont verrouillés par de **puissants électroaimants** pendant le vol.

Les **deux empennages** permettent à l'avion de rester stable durant le vol.

INFOS RAPIDES

10 *Sur terre, la Transition peut rouler sur n'importe quelle route. On peut la garer sur une place de parking standard.*

20 *Il faut posséder un brevet de pilote et avoir effectué au moins 20 h de vol pour pouvoir piloter la Transition.*

30 *La Transition peut faire le plein dans n'importe quelle station-service puisqu'elle fonctionne au super sans plomb.*

40 *Lorsqu'elle est en l'air, une Transition utilise environ 19 litres de carburant par heure de vol.*

C'EST FOU !

Si tu souhaites acheter ta propre Terrafugia Transition (sortie prévue fin 2012), mieux vaut commencer à économiser : le prix d'un véhicule de base est estimé à **210 000 €**.

PUISSANCE DU MOTEUR
100 ch (moteur Rotax 912S)

VITESSE
En l'air : 185 km/h
Sur terre 105 km/h

POIDS
653 kg

ORIGINE
États-Unis

LE PASSÉ ET L'AVENIR

Construite par Moulton Taylor en 1956, cette **voiture-avion** a volé jusqu'en 1977. Elle servait à survoler les routes pour évaluer l'état du trafic.

Mû par quatre moteurs à hélice, le **Moller Skycar M400** est en cours d'élaboration. Il doit à terme pouvoir décoller et atterrir à la verticale.

Stars de ciné sur roues

Silence, on tourne ! Dans les grands films, les véhicules se doivent d'être à la hauteur des acteurs qui les conduisent. Parfois, la moto ou la voiture est l'héroïne du film au même titre que le comédien. Beaucoup de voitures de films, comme les célèbres Aston Martin de James Bond, sont des véhicules de série modifiés pour les besoins de la production. D'autres, comme la Batpod ou la Chitty Chitty Bang Bang, ont été créés exprès pour les films.

LA BATPOD
Batman s'enfuit dans un rugissement sur son effroyable Batpod équipée de canons, de mitrailleuses, de harpons et d'une carrosserie antiballes. Batman est allongé sur le ventre sur la moto et dirige les roues de 50 cm de large à l'aide des épaules et non des mains. Cette moto apparaît dans les films *The Dark Knight : Le Chevalier noir* et *The Dark Knight Rises*.

UNE VOITURE DU SUPERESPION
L'agent secret James Bond s'évade de façon spectaculaire dans son Aston Martin V12 Vanquish dans le film *Meurs un autre jour*. La voiture est équipée de fusils et de 5 missiles à tête chercheuse.

HÉROS DE DESSINS ANIMÉS
Le film d'animation *Cars 2* met en scène la voiture de NASCAR Flash McQueen (à gauche) et son meilleur ami, la dépanneuse Martin (au centre), dans leurs aventures au Japon, en Italie et en Angleterre.

MON HISTOIRE : LINCOLN FUTURA

DATE DE CONSTRUCTION 1955
PRIX D'ORIGINE Environ 190 000 €
LONGUEUR 5,5 m
RÔLES CLEFS 120 épisodes de la série télé *Batman*

Cette voiture futuriste a été mise au point par Ghia, en Italie, pour la division Lincoln de Ford. Elle a été vendue pour 1 € symbolique à George Barris, célèbre pour ses customisations. Il en a fait la fameuse Batmobile pour la série des années 1960 *Batman*. Elle était dotée d'un pare-brise fumé, d'un bélier et du *Bat-phone*.

UNE MACHINE À REMONTER LE TEMPS

Dans le film *Retour vers le futur* apparaissait une DeLorean DMC-12 qui pouvait voyager dans le temps lorsqu'elle roulait à 142 km/h. Dans la réalité, près de 9 000 DeLorean ont été construites. La carrosserie de 2 d'entre elles était plaquée or. Aucune, cependant, n'a jamais voyagé dans le temps !

VOITURE VOLANTE !

Ian Fleming, père du héros James Bond, a aussi écrit *Chitty Chitty Bang Bang*, un livre pour enfants sur une vieille voiture de course que l'inventeur Caractacus Potts transforme en véhicule volant. L'histoire a été adaptée en comédie musicale et en film. La voiture y possède un moteur Ford 3000 V6.

La route pour métier

Un camion avale les kilomètres sur l'autoroute, transportant de lourdes marchandises vers des destinations lointaines. Beaucoup de gens travaillent sur la route, à bord d'immenses semi-remorques, de dépanneuses, de voitures de pompiers ou de secours. Chaque jour, des véhicules nous aident à nous déplacer d'un endroit à un autre. Qu'il s'agisse d'une petite citadine bien pratique ou d'un véhicule hors normes, ils font partie de notre vie quotidienne et y jouent un rôle capital.

Pimpompin !

Se faufilant entre les voitures, sirènes hurlantes et gyrophares allumés, les camions de pompiers se ruent là où le devoir les appelle. Quand une urgence se présente, ils sont souvent les premiers à arriver sur les lieux, qu'il s'agisse d'une inondation, d'un incendie, d'un accident de la route ou d'un glissement de terrain. De leur rapidité dépend souvent la vie de plusieurs personnes.

C'EST FOU !
À Phoenix, en Arizona, aux États-Unis, le Hall of Flame est le plus **grand musée au monde** dédié aux camions de pompiers. Il présente plus de 90 engins différents.

PIERCE ENFORCER 2005
Cet énorme camion de pompiers américain est équipé de casiers garnis de matériel pour combattre le feu, ainsi que d'échelles, d'un réservoir d'eau et d'une pompe puissante, qui peut assurer un débit de 5 678 litres d'eau par minute.

On peut tirer plusieurs **tuyaux ou lances** afin de pulvériser de l'eau ou des produits chimiques sur un feu pour l'éteindre.

ZOOM SUR LE SYSTÈME HYDRAULIQUE

1. Pour dresser la grande échelle hydraulique, un piston s'enfonce légèrement dans un grand cylindre.

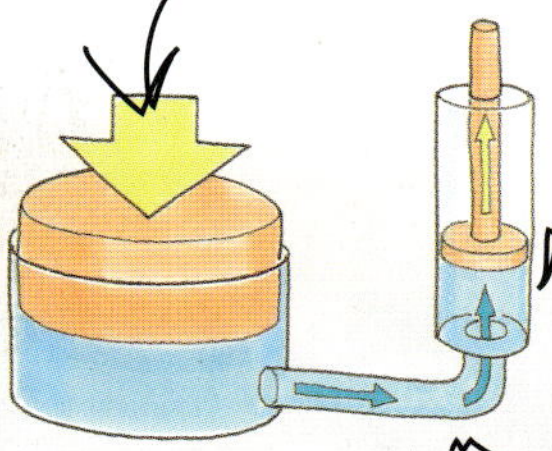

2. Cela pousse le liquide dans un tube vers des cylindres plus petits.

3. Le liquide entraîne les pistons sur une plus grande distance, allongeant ainsi l'échelle.

PUISSANCE DU MOTEUR
375 à 400 ch

VITESSE
Environ 113 km/h

POIDS
Environ 15 000 kg

ORIGINE
États-Unis

LES COMBATTANTS DU FEU

Ce **fourgon antifeu Ford TT de 1927** est muni d'une échelle en bois, d'une petite pompe à eau et d'un projecteur à l'avant.

Ce **Carmichael Cobra 2** est un fourgon antifeu d'aéroport. Son réservoir peut contenir jusqu'à 14 000 litres d'eau.

INFOS RAPIDES

10 *Avant les premiers véhicules motorisés, les chariots de lutte anti-incendie étaient tirés par des hommes ou des chevaux.*

20 *Les Pierce Enforcer possèdent parfois des échelles télescopiques immenses qui peuvent atteindre 30,4 m de haut.*

30 *Certains fourgons d'incendie sont munis de stabilisateurs : des bras qui sortent des côtés pour offrir une base large et solide.*

40 *Des robots de lutte anti-incendie sur roues, qui pourraient braver le feu pour sauver des victimes, sont à l'étude.*

Des **avertisseurs lumineux** clignotent pour prévenir les autres véhicules sur la route.

Le **moteur Diesel** est vérifié et réglé régulièrement : le camion doit fonctionner parfaitement.

Le **pare-chocs bélier** évacue tout objet gênant hors du passage.

Les voitures de police

La police est de sortie, patrouillant en voiture, à l'affût du moindre incident. Certains véhicules de police sont conçus pour durer longtemps ; d'autres sont banalisés ; d'autres enfin sont ultrarapides et destinés à poursuivre les malfrats ou à atteindre rapidement des scènes d'accident ou de crime. Voici 8 grandes voitures de police. La plupart sont – ou ont été – utilisées dans plusieurs pays différents.

CHEVY BEL AIR
ORIGINE États-Unis
FABRIQUÉE De 1950 à 1975
EN SERVICE Aux États-Unis et au Canada

HOLDEN COMMODORE
ORIGINE Australie
FABRIQUÉE EN 1978
EN SERVICE En Australie et en Nouvelle-Zélande

LAMBORGHINI GALLARDO LP560-4
ORIGINE Italie
FABRIQUÉE EN 2003
EN SERVICE En Italie, en Corée du Sud et au Royaume-Uni

FORD CROWN VICTORIA POLICE INTERCEPTOR
ORIGINE États-Unis
FABRIQUÉE de 1992 à 2011
EN SERVICE Au Canada et aux États-Unis

INCROYABLE !

Les policiers français conduisent des véhicules construits en France. La Peugeot 307 a été choisie par la police, mais elle est aussi une voiture familiale très appréciée dans plusieurs pays.

ŠKODA OCTAVIA

ORIGINE République tchèque
FABRIQUÉE EN 1996
EN SERVICE En République tchèque, en Grèce et en Pologne

PORSCHE 911 CARRERA S

ORIGINE Allemagne
FABRIQUÉE EN 2005, conçue pour les interventions rapides
EN SERVICE En Allemagne

HYUNDAI SONATA

ORIGINE Corée
FABRIQUÉE De 2001 à 2005
EN SERVICE En Chine, en Corée et à Porto Rico

SMART

ORIGINE Allemagne
FABRIQUÉE EN 1998
EN SERVICE Au Canada, en Italie, en République tchèque et au Royaume-Uni

Les motos de police

Zigzaguant dans les rues entre les voitures, les motos de police envahissent les villes ! Leurs rôles sont multiples : elles aident à fluidifier la circulation ou escortent d'autres véhicules, elles effectuent des patrouilles dans le voisinage, se précipitent sur les lieux d'accidents, et font la course avec les criminels. Les motos de police sont souvent construites sur commande et sont dotées d'équipement spéciaux, comme une sirène actionnée au niveau des poignées ou des feux supplémentaires.

PRÊT À L'ACTION
Cet officier de police nord-irlandais avance à vive allure sur sa BMW R1200RT-P. Cette moto puissante est équipée d'une sirène, d'une radio, de feux supplémentaires, de sacoches à l'arrière pour ranger le matériel, et d'une seconde batterie.

INFOS RAPIDES

10 *La BMW R1200RT possède une boîte à 6 vitesses. Elle peut parcourir 402 m en 12 secondes, avec un départ arrêté.*

20 *Les officiers de police utilisent des motos pour les patrouilles et l'escorte de véhicules depuis le début du XXe siècle.*

30 *Une moto peut accélérer rapidement et s'arrêter très vite si le policier doit descendre de moto pour courir.*

40 *La police utilise parfois de petits scooters dans le centre des villes, ou des motos tout-terrain pour atteindre les zones reculées.*

URGENCES ET MOTOS

Cette moto **paramédicale** est munie de sacoches pour ranger le matériel médical nécessaire pour soigner les victimes d'accidents.

Un **pompier** effectue un exercice de simulation sur une BMW R1200, spécialement équipée de lances à incendie et d'extincteurs.

PUISSANCE DU MOTEUR
110 ch

VITESSE
Plus de 200 km/h

POIDS
259 kg

ORIGINE
Allemagne

Le **pare-brise avec cadre profilé** protège le pilote à grande vitesse.

ZOOM SUR LE GPS

1. Des satellites en orbite autour de la Terre renvoient des signaux vers celle-ci.

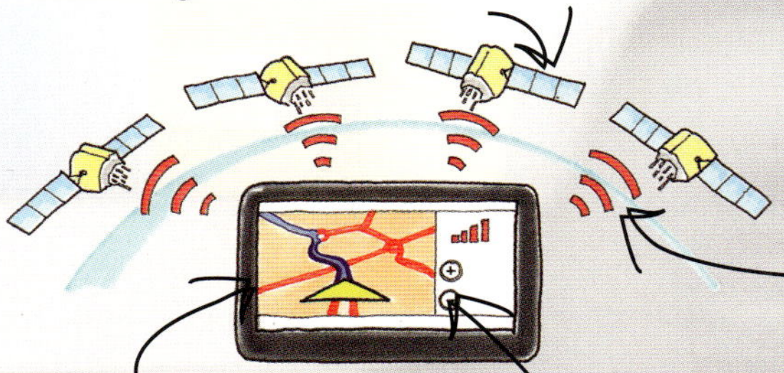

2. Le système de navigation satellite de la moto reçoit les informations.

3. Le système de navigation calcule la distance de chaque satellite pour déterminer sa propre situation.

4. La localisation du véhicule apparaît sur l'écran digital.

C'EST FOU !
En 2011, plus de **80 000 motos BMW** étaient officiellement utilisées par des forces de police ou des services d'urgence dans plus de 150 pays.

Les motos en Asie

Bip, bip ! Le bruit des klaxons emplit l'air. Les motos sont populaires dans le monde entier, mais sur les routes bondées d'Asie, elles sont plus qu'un moyen de transport pratique. Elles sont indispensables aux familles qui ne peuvent pas se permettre d'acheter une voiture. Elles sont en effet peu encombrantes, bien moins chères, plus faciles à réparer et moins gourmandes en essence qu'une voiture.

MON HISTOIRE : SUPER CUB

ORIGINE Japon
FABRICANT Honda
PREMIÈRE FABRICATION 1958
CYLINDRÉE DU MOTEUR 49 cc
RÉSERVOIR 4 litres

Cette moto, à la fois simple et fiable, est la plus populaire au monde. Elle consomme moins de 0,7 litre de carburant aux 100 km, ce qui la rend relativement économique. En 2008, la 60 millionième Super Cub a trouvé acheteur. Elle détient le record absolu de ventes de tous les véhicules motorisés.

UN TRAFIC DENSE

Dans cet embouteillage dans le centre de Hanoï, au Viêt Nam, on ne compte quasiment que des motos, à l'exception de quelques cyclistes et piétons. Les motos sont non seulement plus économiques, mais elles se faufilent également plus facilement entre les véhicules à travers les rues bondées des villes.

UN SACRÉ CHARGEMENT

Un couple, avec son chargement colossal de pièces de tissu, roule à moto dans les rues de la capitale du Cambodge, Phnom Penh. Plus de la moitié des motos en circulation dans le monde se trouvent dans les pays d'Asie.

CINQ À BORD

Ne tente surtout pas l'expérience chez toi ! Un groupe de 5 personnes circule à moto à Bali, en Indonésie. La vision de familles entières entassées sur une petite moto pour se rendre à l'école ou au travail est très courante dans de nombreux pays d'Asie.

LES TUK-TUK

Très populaires au Sri Lanka, en Thaïlande et dans de nombreux pays d'Asie du Sud-Est, les tuk-tuks doivent leur nom au bruit que fait le moteur quand ils roulent. Ces véhicules à 3 roues utilisent un moteur de moto, mais possèdent une cabine couverte pour les passagers.

En panne !

Kff... Kff... stop. Des millions de voitures, de motos et de camions tombent en panne chaque année. De solides dépanneuses viennent alors récupérer les véhicules endommagés pour les amener au garage le plus proche. Les remorqueuses sont équipées de treuils et de bras de levage. Elles disposent aussi de nombreux outils, comme des cisailles à tôle, des clefs et des pieds-de-biche.

C'EST FOU !

Le *Royal Automobile Club* (RAC) est un service de dépannage britannique. En 2010, ses remorqueuses ont porté assistance à plus de **2,5 millions** de véhicules en panne.

PUISSANCE DU MOTEUR
600 ch

VITESSE
42 km/h

POIDS
33 565 kg

ORIGINE
États-Unis

Le **gros moteur Diesel** doit générer suffisamment d'énergie pour entraîner à la fois la dépanneuse et le véhicule qu'elle tire.

INFOS RAPIDES

10 *Le mécanicien Ernest Holmes a fabriqué la toute première dépanneuse en 1916, à Chattanooga, aux États-Unis.*

20 *Les remorqueuses sont souvent munies d'un lourd contrepoids placé à l'avant pour éviter qu'elles ne se renversent quand elles se soulèvent.*

30 *Un camion Caterpillar* *(voir p. 63)* *est utilisé comme dépanneuse. Il pèse plus de 200 tonnes.*

LA KENWORTH C500

Cette dépanneuse utilise son puissant système de treuillage pour hisser une voiture hors du fossé. Le long bras de levage aide à soulever les véhicules et à les tirer de leur situation délicate.

À LA RESCOUSSE

Une **camionnette de dépannage** vient en aide à une voiture. Les problèmes de moteur sont souvent résolus sur le bas-côté.

Les voitures, comme cette BMW, qu'on ne peut pas attacher ou hisser facilement nécessitent parfois l'utilisation d'une **grue**.

Il arrive qu'on doive transporter une voiture en panne sur une **remorqueuse à plateau** jusqu'au garage d'un dépanneur.

C'est du lourd

Voici les énormes transporteurs. Les véhicules articulés sont des camions en deux parties. La première est constituée du moteur et de la cabine du chauffeur. Elle est reliée à une remorque sur roues par une sellette d'attelage. Celle-ci pivote, ce qui permet au poids-lourd de négocier des virages serrés. De plus, on peut ainsi accrocher différents types de remorques à la cabine du camion.

LE SCANIA R 730

Conçu pour les transports longue distance, ce camion possède un réservoir de 300 litres. On peut y ajouter des réservoirs supplémentaires. Lorsqu'il est chargé, le camion avec sa remorque avoisine les 60 000 kg.

BIEN CHARGÉS

Certains camions transportent des **citernes immenses** remplies de carburant liquide, de produits chimiques, ou même de lait réfrigéré.

Ce **Peterbilt 388** transporte 3 autres camions Peterbilt à travers l'*outback*, en Australie.

ZOOM SUR L'ATTELAGE

1. La sellette d'attelage est recouverte de graisse pour éviter la friction.

2. Le pivot d'attelage en métal vient s'encastrer dans la sellette.

3. La remorque oscille d'un côté à l'autre derrière la cabine lorsque celle-ci tourne.

C'EST FOU !

En 2006, un Mack Trucks a réussi l'exploit de tirer **112 remorques** sur une distance de 100 m. Le camion avec ses remorques mesurait 1,47 km de long!

PUISSANCE DU MOTEUR	VITESSE	POIDS	ORIGINE
730 ch	148 km/h	Environ 8 500 kg	Suède

INFOS RAPIDES

10 *Le premier véhicule articulé date des années 1910. Un camion a tracté un chariot habituellement tiré par des chevaux.*

20 *Le véhicule articulé R730 a 14 vitesses, pour parer à tous les types de trajet. Il peut ainsi rouler sur route plane ou grimper une montagne.*

30 *Dans la mine d'or de Granites, en Australie, un camion tracte jusqu'à 6 remorques à la fois.*

Le liquide de refroidissement du **moteur** est refroidi par de l'air entrant à travers ces grilles.

UN ESPACE DE VIE

Quand il parcourt de longues distances, un chauffeur de camion doit souvent vivre dans sa cabine pendant plusieurs jours. L'intérieur de ce Scania R 730 inclut un lit et une table repliables ainsi qu'une machine à café.

À l'assaut des glaces

Couvre-toi bien et accompagne les routiers au-delà du cercle polaire arctique. Là-bas vivent et travaillent de petites communautés dans des conditions de froid extrêmes. Autrefois, seuls les traîneaux tirés par des chiens pouvaient traverser ces zones sans routes. Aujourd'hui, des voies de transport sont offertes par les routes de glace qui se forment en hiver sur les rivières et les lacs gelés. Des chauffeurs de camions acheminent leur lourde cargaison le long de ces routes temporaires et dangereuses.

La **cabine du conducteur** est bien chauffée, car les températures extérieures peuvent descendre jusqu'à – 30 °C.

UNE PISTE DE GLACE
Un camion-citerne roule avec précaution sur une route de glace, s'éloignant des gisements pétrolifères de Prudhoe Bay, en Alaska. À ces températures extrêmes, les chauffeurs doivent faire extrêmement attention à la fonte de la glace, aux obstacles imprévus et au brouillard.

MON HISTOIRE : LISA KELLY

NATIONALITÉ Américaine
NÉE EN 1980
MÉTIER Routière des routes de glace
LIEU Alaska, États-Unis
CAMION Kenworth W900 Artic

Amatrice de motocross et ancienne conductrice de bus, Lisa avait une vingtaine d'années lorsqu'elle est devenue l'une des premières femmes à transporter de lourdes cargaisons sur les routes de glace de l'Alaska. Elle a été l'une des stars de l'émission de télé-réalité diffusée à la télé américaine *Ice Road Truckers*.

ENCHAÎNÉS
Ces solides chaînes en métal sont fixées autour de chaque roue du camion. Elles permettent au véhicule de mieux adhérer à la route sur des surfaces glissantes en creusant un sillon dans la glace.

DANGER !
On trouve des routes de glace au Canada, en Alaska, en Russie ou en Scandinavie. En plus des dangers liés à la route, les chauffeurs sont aussi confrontés à des animaux, comme des daims, des élans et des ours, qui ne sont pas habitués au trafic. Cet ours polaire d'Alaska s'est rué à la fenêtre d'un camion à l'arrêt, mais personne n'a été blessé !

QUAND ÇA CRAQUE
Les routiers, comme ici au Canada, doivent prendre garde à la fonte et aux craquements de la glace, et respecter des limites de poids et de vitesse. Si un véhicule est trop lourd, il peut passer à travers une glace trop fine. Le froid glacial peut provoquer des gelures, voire la mort, si le chauffeur se retrouve bloqué dans une cabine non chauffée.

TOYOTA PRIUS
En 1997, la Toyota Prius était le tout premier véhicule hybride produit en masse. Ce modèle élégant de 2009 utilise son moteur thermique pour aller vite, et l'électrique pour passer à des vitesses inférieures.

Éco, éco...

Imagine un véhicule à 2 moteurs ! Les voitures hybrides possèdent un moteur classique, qui fonctionne avec du carburant, mais aussi un autre, marchant à l'électricité. Ces 2 moteurs combinés sont plus efficaces, puisque le second vient compléter l'action du premier en cas de besoin. On réalise ainsi des économies de carburant et les performances de la voiture sont optimisées.

C'EST FOU !
L'efficacité énergétique de la Prius lui permet de parcourir **1 152 km** avec un seul plein d'essence ! Cela correspond à un aller-retour de Paris à Londres avec un demi-plein !

INFOS RAPIDES

10 *En côte, le moteur électrique vient en soutien du moteur thermique pour réduire la quantité de carburant utilisée par celui-ci.*

20 *Lorsque le véhicule décélère, l'énergie est recyclée pour recharger la batterie du moteur électrique.*

30 *La Prius peut effectuer de courtes distances en utilisant uniquement le moteur électrique.*

40 *Par beau temps, des panneaux solaires sur le toit alimentent un ventilateur électrique pour rafraîchir l'air dans l'habitacle.*

PUISSANCE DES MOTEURS
134 ch (puissance combinée)

VITESSE
180 km/h

POIDS
1 379 kg

ORIGINE
Japon

ZOOM SUR LE MOTEUR ÉLECTRIQUE

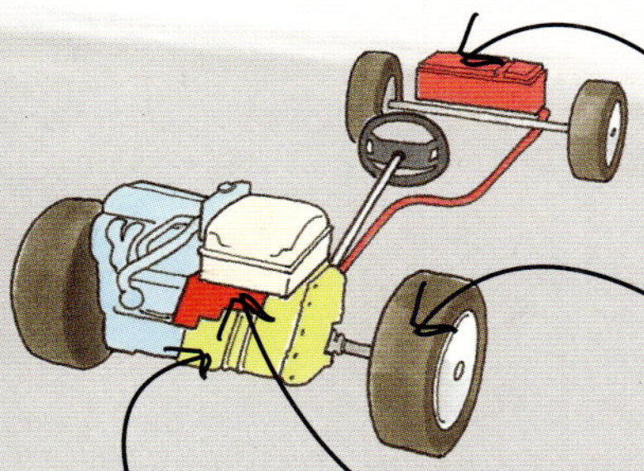

1. Des batteries rechargeables alimentent le moteur électrique.

2. L'énergie générée par le freinage des roues active le générateur.

3. Le générateur produit de l'électricité, qui recharge la batterie.

4. Le moteur électrique entraîne les roues.

DEUX MOTEURS VALENT MIEUX QU'UN

Le génial scooter hybride **Piaggio MP3** peut parcourir jusqu'à 60 km avec un seul litre d'essence.

Le **Ford Escape** est un SUV hybride de 4,4 m de long. Il peut effectuer jusqu'à 800 km avec un plein de carburant.

Ce coupé **Honda CR-Z** à l'allure sportive est un hybride lancé en 2010. Sa vitesse maximale est de 199,5 km/h.

Machines vertes

Les véhicules thermiques seront peut-être bientôt surpassés par ceux qui utilisent une énergie propre. L'essence et le gasoil sont produits à partir de pétrole. Les stocks de notre planète en or noir sont pourtant limités, et sa combustion est nocive pour l'environnement. Des véhicules fabuleux, anciens ou à venir, sont mus par des sources alternatives : l'électricité, conservée dans des batteries, des piles à hydrogène, le vent ou le soleil.

LOHNER-PORSCHE
ORIGINE Allemagne
DATE 1899
ÉNERGIE Hybride
VITESSE DE POINTE 60 km/h

TESLA ROADSTER
ORIGINE États-Unis
DATE 2009
ÉNERGIE Batteries électriques
VITESSE DE POINTE 201 km/h

MITSUBISHI I-MIEV
ORIGINE Japon
DATE 2009
ÉNERGIE Batteries électriques
VITESSE DE POINTE 130 km/h

NISSAN LEAF
ORIGINE Japon
DATE 2010
ÉNERGIE Batteries électriques
VITESSE DE POINTE 150 km/h

INCROYABLE !

Il existe une version hybride et une autre, électrique, de la petite Smart Fortwo. Lors d'une campagne promotionnelle pour les 10 ans de la voiture, 13 gymnastes sont parvenus à se serrer pour tous entrer dans ce microvéhicule à 2 places.

MORGAN LIFECAR
ORIGINE Royaume-Uni
DATE 2006 à 2008
ÉNERGIE Pile à hydrogène
VITESSE DE POINTE 150 km/h

AURORA 101
ORIGINE Australie
DATE 2006
ÉNERGIE Panneaux solaires alimentant un moteur électrique
VITESSE DE POINTE 152 km/h

NLV QUANT (CONCEPT)
ORIGINE Suisse/Suède
DATE 2010-2011
ÉNERGIE Solaire + batteries électriques
VITESSE DE POINTE 377 km/h

GREENBIRD
ORIGINE Royaume-Uni
DATE 2006-2008
ÉNERGIE Éolienne
VITESSE DE POINTE 203 km/h

LES MOTEURS DU ROVER
L'astronaute de la NASA Eugene Cernan conduit le Rover lors de la mission Apollo 17, peu après son arrivée sur la Lune. Les 2 batteries de 36 volts alimentaient les 4 moteurs électriques, un pour chaque roue.

Le Rover lunaire

Voici une voiture d'un autre monde ! Des astronautes ont conduit un véhicule sur la Lune pour la toute première fois en 1971. Le Rover lunaire a été acheminé à bord du vaisseau spatial Apollo 15. Après l'atterrissage, les astronautes ont déployé le Rover et l'ont utilisé pour explorer des parties inconnues de la surface de la Lune. Sur 4 Rover construits, 3 ont fait le déplacement jusqu'à la Lune. Chacun pouvait accueillir 2 astronautes, des caméras et du matériel.

C'EST FOU !
Les 3 Rover lunaires qui ont foulé le sol du satellite de la Terre **sont restés là-bas.** Pour chaque minute où ils ont roulé sur la Lune, ce sont près de 44 000 € qui ont été dépensés !

ZOOM SUR LE DÉPLOIEMENT DU ROVER

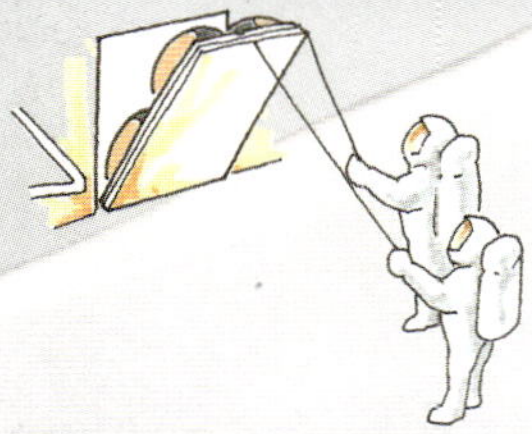

1. Un panneau latéral de l'Apollo est abaissé par un câble pour se transformer en rampe.

2. La partie arrière du Rover se déplie puis se verrouille en place.

3. La partie avant du Rover se met en place alors qu'on la déploie sur la surface de la Lune.

4. Le câble est détaché et les sièges sont relevés. Le Rover est prêt !

À L'ESSAI

Le **Rover de la mission Apollo 16** est testé sur une surface censée reproduire celle de la Lune, au centre spatial Kennedy, en Floride, aux États-Unis.

Ce **Rover** effectuant un test sur route sur la Terre est équipé de 12 roues. Il peut accueillir des astronautes pour des missions de 14 jours maximum.

INFOS RAPIDES

10 *Le Rover de la mission Apollo 15 a permis de rapporter 76,7 kg de roches pour des études scientifiques.*

20 *Le Rover pouvait passer des crevasses de 70 cm de large et rouler sur des pistes jusqu'à 25 degrés d'inclinaison.*

30 *C'est le Rover de la mission Apollo 17 qui est allé le plus loin, en poussant son exploration sur 35,9 km.*

40 *On a utilisé de vieilles cartes assemblées avec du ruban adhésif pour réparer le Rover de la mission Apollo 17.*

PUISSANCE DU MOTEUR
1 ch

VITESSE
13 km/h

POIDS
209 kg

ORIGINE
États-Unis

Glossaire

Accélérateur
Levier ou pédale qui permet de contrôler la vitesse du moteur et du véhicule.

Aérodynamique
Fuselé pour que l'air glisse facilement par-dessus et autour d'un véhicule.

Aluminium
Métal léger utilisé pour la fabrication de certaines pièces de véhicules.

Arbre (intermédiaire)
Axe muni d'engrenages à roues dentelées que l'on trouve dans la boîte de vitesses d'un véhicule.

Arrêt aux stands
Pause pendant laquelle un véhicule de course quitte la piste pour effectuer des réparations et changer de pneus.

Batterie
Dispositif qui génère de l'électricité lorsqu'il est connecté à un circuit.

Batterie au lithium
Type de batterie utilisant le lithium, qui peut se recharger une fois vidée. Elle peut servir à alimenter un véhicule.

Berline
Voiture familiale à 4 portes munie d'un coffre à l'arrière.

Bras oscillant
Lien mobile entre la roue arrière et le reste d'une moto.

Carburant
Substance brûlée pour produire de l'énergie. Les voitures utilisent surtout de l'essence ou du gasoil.

Cc
Abréviation de « capacité cubique », cette mesure indique le volume contenu à l'intérieur de tous les cylindres d'un moteur. Plus la cc est importante, plus le moteur est puissant.

Cheval (ch)
Unité servant à mesurer la puissance du moteur d'un véhicule.

Citadine
Petite voiture équipée d'un coffre à hayon.

Concept car
Voiture non destinée à la vente qui présente les nouvelles technologies.

Coupé
Voiture à 2 portes pouvant accueillir 2 ou 4 personnes.

Customiser
Modifier la forme, la carrosserie et d'autres parties d'un véhicule pour changer son apparence.

Différentiel
Élément qui répartit l'énergie du moteur entre les roues de façon qu'elles puissent rouler à des vitesses différentes dans les virages.

Engrenages
Roues dentelées servant à changer la vitesse ou la force avec laquelle les roues du véhicule tournent.

Essence
Carburant liquide, issu du pétrole, qui est utilisé dans un grand nombre de véhicules à moteur.

Fibre de carbone
Matériau de pointe conçu pour être à la fois léger et très solide.

Force d'appui
Force générée par une voiture en mouvement qui plaque celle-ci au sol et qui permet une meilleure adhérence des roues sur la route.

Formule 1 (F1)
Championnat du monde de course automobile où des voitures monoplaces ultrarapides s'affrontent sur des circuits.

Fourche
Partie d'une moto qui relie la roue avant et son axe au châssis.

Frein à disques
Type de freinage où des plaquettes sont pressées contre un disque pour créer une friction et ralentir la roue.

Friction
Force qui ralentit le mouvement entre 2 objets qui frottent l'un contre l'autre. Le freinage génère une très forte friction pour ralentir une voiture.

Gasoil
Type de carburant, à base de pétrole, utilisé pour de nombreux moteurs de camions et de voitures.

Générateur
Machine qui crée de l'électricité, ensuite utilisée par un moteur électrique ou pour l'éclairage.

Grand Prix
Course de voitures ou de motos importante. Toutes les courses de Formule 1 sont appelées Grand Prix.

Hydraulique
Système qui utilise la force de poussée d'un liquide et de cylindres à l'intérieur de tubes pour générer un mouvement.

LED
Abréviation pour *light-emitting diode,* qui signifie « diode électroluminescente » en français. Il s'agit d'un éclairage de taille réduite mais éclatant.

Motocross
Type de sport motocycliste où le pilote effectue des tours sur un circuit parsemé de bosses et de creux importants en exécutant de nombreux sauts.

MotoGP
Abréviation pour « Grand Prix Moto », la MotoGP est une compétition annuelle comprenant une série de courses sur divers circuits. Elle rassemble les meilleurs pilotes.

NASCAR
Abréviation pour *National Association for Stock Car Auto Racing* (Association nationale pour les courses automobiles de *stock car*). Ce type de courses, qui met en compétition de puissantes berlines, est très populaire aux États-Unis.

Panneau solaire
Élément qui convertit de l'énergie solaire en électricité.

Pare-chocs
Barre en métal, en caoutchouc ou en plastique fixée à l'avant et à l'arrière d'un véhicule pour limiter les dégâts lorsque la voiture ou le camion percute un obstacle.

Pile à combustible
Procédé qui génère de l'énergie grâce à une réaction chimique (par exemple, l'hydrogène réagit avec l'oxygène pour créer de l'électricité).

Piston
Élément en forme de baguette qui monte et qui descend à l'intérieur d'un cylindre du moteur.

Plateau
Zone derrière la cabine d'un camion où sont déposées des marchandises (le fret) à transporter.

Pot d'échappement
Tube qui évacue hors du véhicule les gaz brûlés du moteur.

Poussée
Force qui propulse un véhicule en avant.

Quatre roues motrices
Dans un véhicule, système dans lequel l'énergie du moteur est distribuée à chacune des 4 roues, (et non seulement aux 2 roues avant, comme c'est le cas sur la plupart des voitures).

Radiateur
Élément d'un véhicule qui utilise de l'eau ou un autre liquide pour refroidir le moteur.

Réservoir
Compartiment où est contenu le carburant, comme l'essence ou le gasoil, pour le moteur.

Soupape
Ouverture dans le cylindre d'un moteur, qui s'ouvre et se ferme pour laisser entrer le carburant et évacuer les gaz.

Supercar
Voiture coûteuse, rapide et ultraperformante.

Suspension
Système d'absorption des secousses et des chocs qui permet à un véhicule d'avancer de façon fluide sur une route bosselée ou parsemée de trous.

Tout-terrain
Conduite en dehors des routes qui privilégie les chemins, les pistes ou les terrains vagues.

Train routier
Véhicule articulé qui tracte 2 remorques ou plus.

Turbine
Élément, souvent en forme de roue, dont les hélices sont mues par un liquide ou un gaz.

Véhicule hybride
Véhicule équipé à la fois d'un moteur à essence et d'un moteur électrique.

Index

Crédits

DK souhaite remercier :
Ashwin Khurana et James Mitchem pour leur collaboration éditoriale, Mary Sandberg pour son travail de graphisme, Clare Gray pour sa relecture, Jackie Brind pour la préparation de l'index.

DK India souhaite remercier :
Sudakshina Basu pour son aide en maquette.

Toutes les illustrations sont de Daniel Wright.

L'éditeur souhaite remercier les agences suivantes pour leur autorisation de reproduction des photographies.

Légende : h : en haut ; b : en bas ; c : au centre ; d : à droite ; g : à gauche

4 SuperStock : Transtock. **5 Corbis:** David Madison (h). **SuperStock :** Flirt (b). **6 Ford Motor Company Limited :** europeanmotornews.com (cg). **Chrysler and Jeep Marketing :** (c). **Harley-Davidson Motor Company :** (bg). **KTM-Sportmotorcycle AG :** (bc). **Scania CV AB (publ) :** Göran Wink (cd). **7 Alamy Images :** Nick Baylis (cgb). **BMW AG :** (bg). **Ford Motor Company Limited :** (ch). **Chrysler and Jeep Marketing :** (hd). **Corbis : Bettmann** (hg). **Dreamstime.com :** Robwilson3... (cb). **Volvo Car UK Ltd :** (cg). **8–9 Corbis :** David Madison. **10–11 Chris Walker (Kartpix.net). 10 Rex Features :** Action Press (g). **11 Alamy Images :** Joe Fox Motorsport (hc). **Birel S.P.A. :** (hg). **12 Corbis :** DPA (h). **12–13 Getty Images. 13 Corbis :** EPA (bg). **Getty Images :** (bd, bc). **14 Corbis :** Jean-Yves Ruszniewski/TempSport (bg). **Dorling Kindersley :** (ch, cb); James Mann (h). **15 Dorling Kindersley :** (c). **Mark Haverty :** Flickr (ch). **16–17 Toyota Motorsport :** Lesley Ann Miller LAT Photo USA (h). **17 Getty Images :** (bd). **Toyota Motorsport :** Lesley Ann Miller LAT Photo USA (bc). **18–19 Getty Images :** (h). **18 Getty Images :** (b). **19 Getty Images :** (h, bg, d). **20–21 Corbis :** Chris Williams/Icon SMI. **20 Corbis :** Walter G. Arce/ Cal Sport Media/Zuma Press (b). **21 Alamy Images :** Kelvin Webb (hg). **Corbis :** David Griffin/Icon SMI (hd). **22–23 Getty Images. 23 Victory and Victory Motorcycles® are registered trademarks of Polaris Industries Inc :** (hd). **Vintage Superbikes/Brian O'Shea :** (hg). **24 Getty Images :** (hg). **Press Association Images :** AP Photo/Petros Giannakouris (hd). **TopFoto.co.uk :** National Motor Museum/HIP (c). **24–25 Getty Images :** AFP (b). **25 Murray Turner :** (hg). **26–27 Yamaha Motor. 27 Apache Quads :** Dan Le Marchant de Guernsey sur son Apache SX 100 SilverSport (cd). **Getty Images :** (hg); **MCT** (hd). **28 Kawasaki (UK) :** (hd). **KTM-Sportmotorcycle AG :** (bd). **Zdenek Zenyt :** Flickr (bg). **30–31 Alamy Images :** Richard McDowell (h). **31 Alamy Images :** imagebroker (bd). **Harold Hinson :** (bg). **32–33 Press Association Images :** AP/Natacha Pisarenko. **32 Getty Images :** (b). **33 Amaury Sport Organisation :** (cd, bd). **Corbis :** Yves Forestier/ Sygma (h). **34–35 Robert Haught, AllMonster. com. 35 Alamy Images :** F1online digitale Bildagentur GmbH (cd). **BigFoot 4x4, Inc. :** www.Bigfoot4x4.com (hd). **Corbis :** Duomo (hg). **36–37 Corbis :** EPA (h). **36 Alamy Images :** Thomas Frey / imagebroker (bd). **Press Association Images :** Peter Cosgrove (bg). **37 Corbis :** Frank Hoppen/Transtock (bd); Imaginechina (bg); Michael Ochs Archives (ch). **38–39 Harley-Davidson Motor Company. 39 Alamy Images :** Simon Clay (hg). **Getty Images :** (b). **Harley-Davidson Motor Company :** (hd). **40–41 Alamy Images :** Transtock Inc. **41 Alamy Images :** culture-images GmbH (hd). **Corbis :** Transtock Inc. (cd). **43 Corbis :** Imaginechina (ch). **2008 SSC, Inc/www. shelbysupercars.com :** (cb). **44–45 Getty Images :** (c). **44 Bloodhound SSC/Curventa and Siemens :** (bg). **45 Mike Akatiff :** (ch). **JCB :** (h). **Mark Nearburg :** (bd). **46–47 SuperStock :** Transtock. **48–49 Alamy Images :** Tom Wood. **48 Corbis :** (bg). **49 Alamy Images :** Stan Rohrer (hg). **Getty Images :** Car Culture (hc). **50 Bertone, Caprie (TO) Italie :** (b). **Corbis :** Bettmann (cgb); (hg, c). **51 Corbis :** Car Culture (b). **Keio University, Electric Vehicle Laboratory :** (c). **Mercedes-Benz Cars, Daimler AG :** (cdh). **Nissan Motor Company :** (cb). **52–53 Corbis :** Transtock Inc. **52 Getty Images :** Hulton Archive (bg). **Nick Williams :** (bd). **53 Autostadt GmbH, Wolfsburg, Allemagne :** Chris Franjkovic (bd). **Photoshot :** Michael Hanschke (bg). **54 Corbis :** Jana Renee Cruder (cd); Transtock Inc. : (hg). **Getty Images :** Car Culture (cg). **SuperStock :** imagebroker.net (hd). **55 Alamy Images :** Mark Scheuern (cd). **Corbis :** Car Culture (hg, cg). **SuperStock :** imagebroker.net (hd). **56–57 Jon Muresan. 57 Honda (UK) :** (hg). **Suzuki Motor Corporation :** (hc). **Victory and Victory Motorcycles® are registered trademarks of Polaris Industries Inc. :** (hd). **58 Alamy Images :** Michael Booth (bc); Peter Jordan_NE : (bd). **58–59 BMW AG. 59 Alamy Images :** Peter E. Noyce (hd). **60 Corbis :** Bettmann (cd); Transtock Inc. : (cg). **Louwman Museum-The Hague :** (hg). **Magic Car Pics :** (hd). **61 Mercedes-Benz Cars, Daimler AG :** (hg). **62 Alamy Images :** James Cheadle (b). **Getty Images :** (c). **Ultimatecarpage.com/Wouter Melissen :** (h). **63 Corbis : Transtock Inc. :** (h). **Getty Images :** MCT (b). **66–67 Terrafugia, Inc. :** (c). **66 Dan Dawson Photography :** (b). **67 Alamy Images :** I. Glory (bd). **Press Association Images :** AP Photo (bg). **68–69 Rex Features :** Warner Bros/Everett. **68 Rex Features :** Everett/BuenaVist (bd). **The Ronald Grant Archive :** (bg). **69 Corbis :** Noah Dodson/Retna Ltd. (bc). **Getty Images :** (h). **The Kobal Collection :** Warfield/United Artists (cd). **70–71 SuperStock :** Flirt. **72–73 SuperStock :** Transtock (b). **73 Alamy Images :** Motoring Picture Library (hg); Sandy Young (hd). **74 Alamy Images :** Adam James (h). **Ford Motor Company Limited :** (b). **Corbis :** Reuters (cb). **Andrew Scutter :** (c). **75 Alamy Images :** AA World Travel Library (cb); Ruslan Bustamante (h); vario images GmbH & Co. KG (b). **Porsche AG :** (c). **Škoda Auto a.s. :** (cdh). **76–77 Alamy Images :** Joe Fox. **77 Alamy Images :** Shout (hg). **Reuters :** Phil Noble (hc). **78 Getty Images :** Bruno De Hogues. **Honda (UK) :** (cg). **79 Getty Images :** AFP (h, b); Nicholas De Vore (cd). **80–81 Alamy Images :** Scott Tucker. **81 Alamy Images :** Justin Kase (bd); Transportimage Picture Library (bg); Shout (bc). **82–83 Scania CV AB (publ) :** Göran Wink. **82 Nick Borzo :** (cg, bg). **83 Daimler AG :** (d). **84–85 SuperStock :** imagebroker.net. **85 Alamy Images :** Steven J. Kazlowski (c). **Corbis :** Fred de Noyelle (h). **Getty Images :** Richard Olsenius (b). **History Channel :** (hg). **86–87 Toyota Motor Europe. 87 Alamy Images :** izmostock (bc). **Honda (UK) :** (bd). **Piaggio Veicoli Europei Spa :** (bg). **88 Alamy Images :** Drive Images (c). **Mitsubishi Motors Corporation :** (cb). **Nissan Motor Company :** Francesc Montero – www. fmimages.com (b). **Porsche AG :** (hg). **89 Alamy Images :** AlamyCelebrity (cb). **Corbis :** Reuters (c). **Greenbird (www. greenbird.co.uk) :** Peter Lyons (b). **Morgan Motor Company Ltd :** (ch). **90–91 NASA. 91 NASA :** (hd, cd). **94–95 Dorling Kindersley :** Phil Townend. **Couverture :** Première de couverutre : **Alamy Images :** Oleksiy Maksymenko. **Corbis :** Don Heiny (bc) ; Chris Ryan (bd) ; Transtock (bg).

Toutes les autres images : © Dorling Kindersley